ALFRED BINET

ALFRED BINET

THÈSE COMPLÉMENTAIRE

présentée à la Faculté des Lettres de l'Université de Paris

PAR

ROBERT MARTIN

Licencié ès-Lettres

PARIS

LES PRESSES UNIVERSITAIRES DE FRANCE

49, Boulevard Saint-Michel, 49

1924

INTRODUCTION

A l'exemple des sciences physiques et biologi-
ques, la psychologie s'est complètement renouvclée
dans la seconde partie du dix-neuvième siècle et au
début du vingtième. Ce rajeunissement, lié d'ailleurs au progrès de la méthodologie scientifique, a
été l'œuvre, non pas d'un seul homme, mais de beaucoup, qui sont partis, souvent, de points différents,
ont traité de questions n'ayant en apparence aucun
lien, et se sont rencontrés cependant dans l'élaboration de la méthode nouvelle.

Parmi ces chercheurs originaux, l'un d'entre
eux a particulièrement retenu notre attention : c'est
Alfred Binet. Nous avons en effet l'impression que
l'influence de Binet a été et est encore très grande,
plus peut-être qu'il ne le semble à première vue.
Binet a beaucoup semé d'idées fécondes : elles ont
germé un peu partout et quand elles ont fleuri, on a
quelquefois méconnu leur origine première. Il n'y a
pas lieu de s'en étonner, encore moins de s'en indi-
gner : l'influence qu'a exercée Binet sur les psychologues a été le plus souvent inconsciente. Elle a, en
outre, été plus profonde à l'étranger que chez nous :
l'Amérique, la Suisse, la Belgique, lui ont beaucoup
emprunté et sans toujours le citer. De sorte que, et
nous avons presque honte de répéter ce lieu commun

pourtant si exact, nous admirons des œuvres étrangères, dont l'inspiration et la source sont toutes françaises.

Ce n'est pas cependant une vaine querelle de priorité que nous voulons ouvrir ici : la science n'a rien à gagner à ces revendications qui fatiguent le lecteur sans rien lui apprendre. Seulement il nous a semblé qu'il ne serait pas mauvais de jeter un coup d'œil d'ensemble sur une œuvre sans doute inégale, mais en tout cas puissamment originale et où l'on trouve, sinon la solution, du moins la méthode qu'il faut suivre pour poser et résoudre les problèmes psychologiques. Dans ces conditions, on ne s'étonnera pas que nous écartions systématiquement de notre étude la genèse et l'histoire de l'influence de Binet sur les psychologues contemporains ; nous préférons chercher sa place et son rôle dans la psychologie moderne.

D'ailleurs, et nous l'avouons assez volontiers, il est certains disciples infidèles — en Amérique notamment — qui ont fait des techniques de Binet un usage qui les dessèche et qui en compromet la valeur scientifique. Cette considération, jointe à celle du labeur considérable et stérile qu'eût nécessité la recherche des disciples conscients ou inconscients de Binet, expliquera et justifiera notre procédé de travail.

La personnalité de Binet suffit à elle seule à fournir la matière d'une étude : sa prudence, sa probité scientifique, sa simplicité et pourtant sa rigueur parfaite sont des modèles à imiter. On éprouve un réel plaisir intellectuel à feuilleter ses ouvrages ; même ceux qui ont vieilli, ceux du début surtout, contiennent d'excellents aperçus et se lisent encore aujourd'hui avec fruit et avec intérêt.

C'est une plume plus autorisée que la nôtre qu'il aurait fallu pour exposer et mettre en valeur l'œuvre de Binet : mais nous avons dû céder à l'affectueuse insistance de M. le Docteur Simon, qui a voulu nous laisser l'honneur de ce travail. Nous l'en remercions bien vivement ici, ainsi que des nombreuses indications orales qu'il nous a prodiguées : M. le Docteur Simon qui a bien connu Binet, qui a beaucoup travaillé avec lui, qui l'a continué, est précieux à consulter pour tout ce qui le touche. Si nous réussissons dans cet opuscule à faire mieux connaître Binet, nous aurons rempli un double devoir : devoir de probité intellectuelle envers un des fondateurs de la psychologie moderne et de la psychopédagogie ; devoir d'affectueuse reconnaissance envers son élève et collaborateur, qui est notre maître bienveillant.

CHAPITRE PREMIER

L'ensemble de l'œuvre. — La méthode.

Quand on étudie un écrivain ou un savant, il est d'usage de faire précéder d'une courte biographie l'exposé de l'œuvre. Il est vrai qu'il est souvent utile de connaître la biographie d'un homme pour comprendre et apprécier sa valeur intellectuelle : les évènements, menus ou graves, auxquels il se trouve mêlé, exercent sur son développement intellectuel une influence quelquefois fort lointaine, quelquefois même à l'insu de celui qui la subit. C'est justement le rôle de l'hstoriographe et du psychologue de retrouver ces impondérables et de montrer par une analyse délicate l'influence de ces évènements. La vie calme et tranquille de Binet laisse peu de place à la recherche indiscrète ou curieuse. Disons seulement que le bonheur qu'il trouvait à son foyer lui a laissé la libre disposition de toute son intelligence pour les travaux qui le passionnaient. Nous noterons également sa formation intellectuelle qui, tout d'abord, montre l'éclectisme de ses connaissances, et qui, ensuite, illustre cette affirmation que Binet devait écrire beaucoup plus tard : « Si on prenait cette précaution (étudier les aptitudes individuelles

des enfants)... on augmenterait le rendement écono-
mique de tous en mettant chacun à sa vraie place. »
(*Les Idées modernes sur les enfants*, p. 26). Binet a,
en effet, tâtonné assez longtemps avant de trouver
sa voie : félicitons-nous qu'il ait pu enfin la rencontrer et que les hasards de l'existence ne l'aient pas
cantonné dans la sphère de ses débuts. Il conquit
d'abord sa licence en droit, ce qui ne l'orientait
guère vers la psychologie. Puis il commença ses
études de médecine : c'est alors qu'il fréquenta la
clinique de Charcot, à la Salpétrière, où le maître
observait avec passion les phénomènes de l'hystérie
et l'hypnotisme. Ces études devaient décider de
l'avenir de Binet, qui entra ainsi dans la psychologie
par la porte de la pathologie mentale. Sans abandonner la psychologie, qu'il ne devait plus quitter,
il présenta ensuite une thèse de doctorat ès-sciences
dont le sujet : « Le système nerveux des insectes »,
pouvait à la rigueur se rattacher à ses préoccupations favorites. C'est alors que Beaunis lui ouvrit, en
1892, le laboratoire de Psychologie physiologique,
créé depuis peu. Par le chemin des écoliers, Binet
avait enfin trouvé sa voie : il occupait la place pour.
laquelle il était doué.

Avant d'aborder dans le détail l'œuvre que Binet
devait alors accomplir, il est bon de placer ici une
vue d'ensemble sur ses procédés de travail. Quel que
soit le sujet de ses recherches, Binet procédait en
effet toujours de la même manière, et ce n'est pas
le moindre mérite de ses ouvrages que d'y retrouver
toujours les mêmes méthodes et les mêmes qualités.

Ce qui frappe tout d'abord et ce qui donne à l'œuvre de Binet un cachet si original, c'est qu'il ne fut l'élève ni le disciple de personne. Sans doute, il n'eut pas la naïveté de faire de la psychologie en ignorant systématiquement ce qui s'était écrit avant lui ; il étudia beaucoup ses devanciers, au contraire : mais, d'une manière générale, ils ne le satisfirent pas. On sent très nettement à le lire, que c'est en cherchant chez ses prédécesseurs la solution des questions qui l'intéressaient, qu'il en découvrit l'insuffisance et qu'il conçut l'idée de substituer à la littérature psychologique des méthodes plus scientifiques. Quelques psychologues s'étaient déjà engagés dans cette voie : ce sont ceux que Binet cite le plus volontiers. D'abord les aliénistes et surtout Charcot — n'oublions pas que c'est son initiateur en psychologie — ; des physiologistes comme Gley, — des philosophes enfin comme Ribot, Stuart-Mill, dont il dit : « Je reconnais moi-même avec vénération tout ce que je dois à Stuart-Mill, mon maître en psychologie. » (*Etude expérimentale* 68), Taine aussi pour lequel il a une réelle admiration, mais dont il sent bien les défauts et les insuffisances, et pour terminer M. H. Bergson, à qui il rend un légitime hommage. Mais, d'une façon générale, Binet cite très peu et cela s'explique. Quand on se propose de construire une méthode presque radicalement nouvelle, il y a peu à glaner dans l'œuvre des autres et pas davantage ne peut-on s'appuyer sur leur autorité pour prouver ce que l'on avance. Binet d'ailleurs n'avait guère de sympathie pour les travaux de seconde main et les critiques : c'est avant tout un constructeur et un créateur.

Ce qu'il reproche en effet à ses prédécesseurs, c'est d'abord de n'avoir pas su limiter leurs recherches et ensuite d'avoir bâti leurs grandes synthèses sur une base trop fragile. Aussi bien les deux reproches n'en font-ils qu'un.

C'est pour y échapper que Binet se refuse longtemps à toute construction d'ensemble et à toute vue générale. Quand il s'y résout, c'est avec hésitation et en prenant de multiples précautions. Selon lui, le groupement en un tout des détails accumulés et réunis pendant toute une vie de travail intellectuel doit être la dernière démarche d'un esprit prudent. Il estimait que ce patient labeur du début est indispensable et c'est seulement à la fin de sa vie qu'il conçut l'ambition de coordonner la masse imposante des documents qu'il avait recueillis : « Je ne demande que cinq ans de vie et ma besogne sera achevée, disait-il au docteur Simon. » Une mort prématurée, il avait cinquante-cinq ans, l'empêcha de mettre à exécution ce projet. Qu'on nous permette de dire ici que nous doutons fort de sa réalisation, la vie eût-elle accordé à Binet un sursis même beaucoup plus long que celui qu'il sollicitait. Son esprit prudent se serait difficilement mis à une tâche où malgré tout il devait rester tant de lacunes et d'obscurités. Ce n'est pas à dire qu'il ne soit pas possible de dégager une psychologie de l'œuvre de Binet : nous essaierons tout à l'heure de faire ce travail de regroupement, mais nous devons avouer que nous ne sommes nullement sûrs de traduire exactement les idées du maître.

Il est peut-être plus facile de trouver dans son œuvre l'esquisse d'une philosophie générale, et cela non seulement dans son ouvrage : « L'Ame et le Corps », si différent des autres, d'ailleurs, mais aussi dans la plupart de ses écrits. Ceci n'a rien qui doive surprendre : on ne peut pas entreprendre une étude de l'âme humaine sans s'être donné à l'avance ou sans reconstruire, au cours des recherches, une conception religieuse ou philosophique de sa nature. Nous savons bien que Binet, de même que la plupart des psychologues, se serait vivement défendu de ce reproche — si tant est que c'en soit un — mais nous persistons à croire qu'on ne peut se pencher sur les problèmes de la psychologie avec l'indifférence métaphysique qu'on aurait devant une théorie algébrique.

Enfin, on peut trouver chez Binet, à n'en pas douter, une pédagogie. C'est même par ce côté que nous avons été conduit à le connaître et à l'apprécier. Non point qu'il ait eu l'ambition chimérique de ramasser dans un certain nombre de règles une science aussi difficile et encore dans l'enfance : il laisse cette puérile occupation aux pédagogues de cabinet qui légifèrent gravement pour les enfants, sans jamais chercher à les connaître. Binet a fait plus et mieux. Il a jeté les bases d'une pédagogie nouvelle, scientifique : il a construit — mais ce titre ambitieux l'effaroucherait sans nul doute — les prolégomènes à toute pédagogie future qui voudra se présenter comme science.

Dans les différentes parties de cette œuvre, ce qui compte surtout, c'est le rajeunissement qu'il a apporté par sa méthode à toutes les questions qu'il a étudiées. Là, il est incomparable. Quels étaient les procédés de travail avant lui ? Certains psychologues tiraient tout de leur propre fonds : c'est par l'introspection qu'ils reconstituaient toute la vie mentale. Descartes, Condillac, ne procédaient pas autrement. Ce n'était peut-être pas la plus mauvaise méthode : quand on a lu les fines analyses de Maine de Biran, on ne peut condamner l'introspection avec autant de vigueur qu'Auguste Comte. D'autres psychologues, qui s'étaient rendu compte que, par l'introspection, on n'atteint que son propre monde interne et que par là on s'expose à des erreurs grossières et à des omissions fâcheuses, se tournèrent vers le monde extérieur ; ils interrogèrent les biographies, les mémoires, les anecdotes ; ils adressèrent partout des questionnaires très divers : telle fut la manière de Galton et même celle de Ribot. Seulement, Ribot eut de plus le grand mérite de penser que la pathologie mentale, en grossissant ou en déformant les phénomènes normaux, pouvait éclairer le psychologue, et il fit de nombreux emprunts aux aliénistes, ouvrant ainsi une voie féconde. D'autres enfin, après Weber, Fechner et Wundt, s'enfermèrent avec quelques élèves dans de mystérieux laboratoires, où ils espéraient en mesurant les phénomènes psychologiques, arracher à l'âme son secret :

l'idée était heureuse, car une science n'est constituée que du jour où la mesure y a pénétré. Mais il était chimérique d'espérer que la forme simple des lois mathématiques ou physique peut se retrouver trait pour trait en psychologie. On fut séduit dès l'abord par l'apparente rigueur des lois de la psycho-physique, mais on revint assez rapidement de l'illusion qu'elles avaient provoquée.

Ni les uns ni les autres ne pouvaient satisfaire Binet : chez les uns, la source des renseignements était trop suspecte pour être acceptable ; chez les autres, l'appareil mathématique cachait une véritable insuffisance ; chez tous, le contact avec la réalité était trop rare, trop bref : c'était un accident au lieu d'être la règle. Binet, au contraire, se plongea dans l'océan mouvant de la vie de l'esprit : le nombre des sujets qu'il examina est énorme : « Toujours préoccupé de quelque problème, il n'était guère de bonne volonté qu'il rencontrât, sans l'interroger, sans lui faire subir un test ou une épreuve, s'en excusant comme d'une manie... » (Docteur Simon, *Binet*, p. 27). Sa documentation fut ainsi considérable : les fous d'asiles, les anormaux, les sujets qui venaient au laboratoire de la Sorbonne, les nombreux élèves d'école communale qu'il examina, ses collaborateurs, sa famille enfin, c'est dans toutes les classes de la société qu'il alla chercher sans trève les manifestations de l'esprit. Quand une question le préoccupait, il avait assez de volonté et de probité intellectuelle pour faire table rase de tout ce qu'il pouvait penser à ce sujet: C'est l'esprit neuf, ou peu s'en faut, qu'il par-

tait en chasse, infatigable, interrogeant, recueillant
des témoignages. Sa conscience et son scrupule étaient
tels que même dans l'étude d'une question qu'on
pouvait considérer comme secondaire, la psychologie des joueurs d'échecs, il sollicita des renseignements en Angleterre, en Amérique et en Allemagne.
Il provoqua même, en Angleterre, une interview
détournée d'un joueur trop discret qui avait refusé
de lui répondre directement. Remarquons bien, au
passage, que lorsqu'il partait pour une récolte de ce
genre, c'était toujours avec un sujet précis, étroit
et bien délimité, dont il refusait de sortir : si ses
investigations lui révélaient par hasard un point
nouveau, il le notait sans doute pour y revenir plus
tard; mais refusait de s'engager dans une voie peut-
être captivante mais qui n'était pas celle qu'il avait
fixée pour l'instant. Ses procédés de recherche
étaient fort simples : comme il l'a dit lui-même fort
spirituellement il n'avait besoin que d'une plume
et de quelques feuillets de papier pour expérimenter.
Les quelques dispositifs qu'il employait, mûris et
remaniés, mis au point après de nombreux essais et
de constantes retouches n'offrent aucune difficulté
et peuvent être construits en peu de temps par n'importe qui; un carton sur lequel sont fixés différents
objets, quelques gravures, quelques boîtes de poids
différents, quelques tableaux où sont tracés des traits
égaux ou inégaux, etc., on reste confondu en voyant
qu'avec d'aussi élémentaires instruments, il ait pu
faire des études si approfondies et si fécondes. On
comprend mieux quand on le suit, dans son cabinet

de travail, où ses livres nous font pénétrer. Binet excellait à isoler une opération mentale dans l'ensemble si divers des processus psychiques. C'est là en effet la pierre d'achoppement de beaucoup d'expériences : on croit étudier une opération et c'est une autre qui se substitue à la première et qui fausse les résultats. Ainsi Binet a bien montré que lorsqu'on fait répéter à un sujet un certain nombre de chiffres, c'est moins sa mémoire que son attention qui est en jeu. Faute d'avoir fait cette distinction beaucoup d'expérimentateurs se fourvoient; Binet avait une habileté particulière à démêler l'écheveau mental.

Mais la principale raison du succès de Binet provient de la manière dont il utilisait ses documents qui pour beaucoup seraient restés un amas stérile. Amasser des faits uniquement pour les amasser, c'est faire œuvre de compilateur d'où rien de grand ne peut sortir; Binet a échappé à cette espèce de fièvre qui aurait pu l'inciter à expérimenter sans arrêt, sans prendre le temps d'organiser ses résultats. Après toute enquête, il consacrait un temps très long à dépouiller ce qu'il avait réuni et par une analyse minutieuse et patiente, il en tirait le maximum de renseignements possibles. Quelquefois un premier dépouillement se révélait décevant : rien de précis ne sortait des notes accumulées. Binet ne perdait pas courage, il reprenait ses calculs sur de nouvelles bases, jusqu'à ce qu'une vérité se fasse jour.

Nous ne résistons pas à la tentation de citer ce qu'écrit M. le Docteur Simon au sujet des belles recherches de Binet sur le rapport qui existe entre l'intelligence et les signes physiques. « Qu'on relise la série d'articles publiés sur ce sujet par Binet dans l'*Année psychologique*, on y retrouvera un exceptionnel souci de précision et de. contrôle : il renouvelle plusieurs fois ses propres mensurations; il compare les unes aux autres les mensurations d'opérateurs différents, afin de déterminer l'équation personnelle d'erreur. On y suivra surtout avec intérêt le développement des conclusions, Binet s'est fait désigner dans les écoles les élèves que les maîtres considèrent comme les plus intelligents et, d'autre part, ceux qui sont le moins doués; le compas à la main, il a jaugé toutes ces petites têtes... Voici venu le moment d'additionner les chiffres, moment émouvant pour l'homme de science. Binet calcule pour chacun des deux groupes d'enfants, intelligents et moins bien doués, la moyenne à chaque âge : la différence entre les enfants intelligents et les autres se montre nulle, ou si insignifiante que sa valeur ne dépasse pas les écarts de l'erreur possible sur chaque mesure. Un autre que Binet se fût contenté peut-être de la constatation de cette égalité. Lui, reprend ses chiffres; au lieu d'en calculer la moyenne, il les ordonne du plus petit au plus grand, et il s'aperçoit que les enfants normaux se massent autour des valeurs moyennes, tandis que les moins doués occupent plutôt les extrémités de la série. Les enfants intelligents d'un âge donné ont à peu près tous la tête d'un volume assez semblable; les enfants moins doués ont des têtes proportionnellement énormes ou de dimensions réduites. Cette curieuse répartition rend compte de l'identité des moyennes précédemment constatée... Mais Binet ne s'en tient pas là, il continue d'étudier ses résultats, il examine diamètre après diamètre quel est le plus significatif; il combine plusieurs mensurations afin de reconnaître si leur somme n'est pas plus éloquente que chacune d'elles prise en particulier, et il aboutit enfin à déterminer ce qu'il appelle des limites : si l'on examine un groupe d'enfants, pour certaines valeurs des diamètres craneux le pourcentage des intelligents est notablement plus élevé, tandis qu'au delà de ces valeurs, soit en excès, soit en manque, c'est-à-dire parmi les têtes dont le volume s'écarte des limites précédentes, les chances augmentent qu'on ait à faire à des intelligences faibles. Une recherche qui paraissait vaine aboutissait à une conclusion presque de portée pratique ». (D\u02b3 Simon, *Binet* 34 et 39).

La citation est un peu longue, mais comme il est impossible de mieux dire et de faire mieux comprendre toute la valeur à la fois du procédé et de celui qui l'imagine, nous espérons qu'on nous pardonnera de nous être un instant retranché derrière notre maître.

Nous ne pouvons pas davantage passer sous silence la méthode du rang que Binet a imaginée pour saisir les corrélations : c'est qu'en effet il est de première importance, quand on a mesuré les diverses fonctions d'un individu, de déceler s'il en est qui présentent des connexités, signes d'une interdépendance profonde; par exemple, l'attention et l'intelligence. Voici comment Binet conseille de procéder : on compare le rang obtenu par chaque sujet dans les deux séries dont on cherche la corrélation et on fait la différence des rangs : s'il y a corrélation complète, cette différence est évidemment nulle. Sinon, les rangs différeront plus ou moins, et s'il y a antagonisme, les rangs seront justes inverses. La somme des différences tendra alors vers un maximum donné par la formule $S = \dfrac{n^2}{2}$ ou $= \dfrac{n^2 - 1}{2}$ n étant le nombre des sujets. Plus la somme des différences s'éloignera de cette valeur pour tendre vers O et plus la corrélation sera grande. C'est ce principe du rang qui a été repris et perfectionné dans les méthodes de Spearmann et d'Ivanoff, plus rigoureuses sans doute au point de vue du calcul des probabilités, mais dont le principe ne diffère pas de celui de Binet.

Voici maintenant les renseignements recueillis et la lumière faite au moins en partie : il s'agit de présenter la question et de la bien faire comprendre. Binet a beaucoup écrit et fatalement, tous ses ouvrages n'ont pas la même valeur. Mais ce qu'on retrouve partout, c'est un souci perpétuel de clarté et de simplicité. Binet écrit comme on parle dans une conversation sérieuse. Son style sait être familier sans être relâché. On doit faire effort pour comprendre certaines idées — c'est inévitable dans tout écrit scientifique — mais jamais pour comprendre les phrases qui les traduisent : la difficulté est dans les idées, non dans leur exposition. Quand on lit on croit assister à une conférence faite dans un laboratoire à un auditoire peu nombreux.

Nous avons éprouvé à un tel point cette impression qu'il nous est quelquefois arrivé à la lecture d'éprouver comme des souvenirs auditifs de la parole de Binet. Et pourtant nous ne l'avons jamais entendu parler ! Nuos nous excusions de cette confidence personnelle qui serait sans intérêt si elle ne se proposait d'illustrer la « manière » de Binet.

Pourtant, nous ne nous dissimulons pas qu'on éprouve parfois une petite déception quand on achève l'un quelconque de ses livres : après un exposé merveilleux de clarté des diverses expériences faites, on attend avidement des conclusions, on croit toucher au but, il se dérobe. Soit dilettantisme, soit méfiance scientifique, Binet ne conclut pour ainsi dire jamais. Il a dit lui-même à M. Jeanjean qui rapporte cette confidence dans la *Revue de Philosophie* (1ᵉʳ juin 1922) : « Quand j'ai fouillé une question, aperçu ce qu'on y peut trouver d'utile et reconnu ce qu'il y faut abandonner, cette question n'a plus d'intérêt pour moi. Et j'en aborde une autre. Il y a d'ailleurs tant de questions inexplorées en psychologie. » Ce souci de perpétuelle nouveauté et cette désaffection des questions à demi-résolues n'ont pas été sans exercer une influence fâcheuse sur l'œuvre de Binet qui donne un peu l'impression d'être inachevée. Sans doute une œuvre scientifique n'est jamais terminée et la mort enlève toujours trop tôt les grands esprits. Mais chez lui, c'est à tous les âges qu'il faut noter cet arrêt de la sève en plein jaillissement. Il procède comme un pionnier qui, au lieu de poursuivre son défrichement toujours en ligne droite pour faire une belle route, s'arrêterait au bout de quelques kilomètres pour revenir à son point de départ et repartir dans une nouvelle direction. Sans doute au bout du compte il aura un magnifique carrefour mais dont il faudra prolonger toutes les avenues. On a le dessin d'un beau parc, mais il faut achever l'entreprise.

On peut distinguer trois périodes dans la vie intellectuelle de Binet, période dont les limites n'ont d'ailleurs rien d'absolu et qui chevauchent quelquefois, mais nous croyons utile et commode de faire cette distinction pour guider les lecteurs que nous souhaitons ardemment amener à Binet. Dans la première, Binet, nouveau venu en psychologie, se passionne pour les questions de pathologie mentale, d'hypnotisme qu'il a appris à connaître auprès de Charcot. Et c'est le *Magnétisme animal*, les *Altérations de la personnalité*, dont nous pouvons bien dire qu'ils ont aujourd'hui vieillis. Pourtant, on sent déjà que ce ne sont pas des œuvres banales. Il y a peut-être des erreurs et des faiblesses, mais ce sont des erreurs et des faiblesses qu'un esprit vulgaire ne peut pas commettre.

Dans une deuxième période, comprenant que les ressources de l'hôpital sont insuffisantes, il se tourne vers la vie normale, vers l'activité sous toutes ses formes pour les interroger avidement, grands écrivains, joueurs d'échecs, enfants, adultes, il interroge partout. C'est l'époque de ses beaux articles de l'*Année psychologique* sur François de Curel, Paul Hervieu, Poincaré, etc., de sa *Psychologie des Calculateurs célèbres et des joueurs d'échecs*, de sa *Psychologie du Raisonnement*, de ses études si pénétrantes sur les révélations de l'écriture et de combien d'autres ! Toutes les questions qui peuvent se poser en psychologie l'attirent et il les aborde d'une manière très indépendante. On se rend compte qu'il a pressenti une psychologie nouvelle, radicalement différente de la psychologie classique et qu'il a cherché à réunir le plus de matériaux possible pour l'édifier.

Enfin dans la dernière période, la plus féconde peut-être et la plus intéressante, mais qui a été préparée par les deux autres, il écrit ce que nous considérons comme ses chefs-d'œuvre : l'*Etude expérimentale de l'Intelligence*, la *Mesure du développement de l'Intelligence chez les jeunes enfants*; l'*Ame et le Corps, les Idées modernes sur les enfants, les Enfants anormaux*. C'est l'époque aussi où il collabore avec M. le Dr Simon, qui, après lui avoir dû son initiation psychologique ne tarda pas à lui apporter le concours de son esprit de méthode, de son sens critique avisé et de sa grande puissance de travail.

En somme, si nous voulions résumer en quelques mots l'œuvre de Binet, nous dirions qu'elle vaut surtout par la méthode; nous en avons vu les principales caractéristiques tout à l'heure, nous la verrons en œuvre dans les pages suivantes. C'est une méthode avant tout analytique, soucieuse des détails et qui repose surtout sur l'interprétation que donne le psychologue des résultats qu'il rassemble. Elle se rapproche en somme de la psycho-analyse de Frend en tant que procédé de recherche; mais elle en diffère essentiellement en ce que, tandis que le psychologue viennois met tout en œuvre pour justifier sa théorie de la pansexualité, et cela au risque de forcer parfois la réalité, chez Binet la théorie ne s'esquisse que bien après la réunion des documents — quand elle s'esquisse.

Souci de la précision, de la clarté, du détail utile, de l'exactitude, absence d'hypothèse *a priori*, tels sont les titres par lesquels l'œuvre de Binet se recommande à la lecture du psychologue et à son examen : ils méritent mieux que la demi-indifférence où on le tient aujourd'hui.

CHAPITRE II

La psychologie d'A. Binet

Nous avons vu au précédent chapitre que Binet
avait fait le projet de rassembler en un ouvrage systématique ses conceptions de psychologie, éparses
dans son œuvre, et nous avons émis quelques doutes
à ce sujet. Ceci n'est pas pour faciliter notre tâche :
il est toujours hasardeux en effet de mettre à exécution le dessein formé par un esprit supérieur; ce
l'est davantage encore lorsque, comme c'est le cas
pour Binet, l'œuvre, loin de se présenter comme un
tout harmonieux, est la manifestation d'un effort
continuel de perfectionnement, chaque ouvrage effa-
çant une partie des précédents. Pourtant la tentative
méritait d'être faite et nous l'avons essayée.

Notre plan primitif était de rassembler en ce
chapitre toutes les idées de Binet sur la question,
quitte à essayer de les classer. Au fur et à mesure que
nous avancions dans la lecture des nombreux écrits
de Binet, nous nous sommes convaincus qu'il fallait
y renoncer. Il y a trop de disparate entre les œuvres
du début comme le *Magnétisme animal* et celles de

la maturité comme l'*Etude expérimentale de l'Intelligence*. Nous n'aurions présenté au lecteur qu'un catalogue, un répertoire d'idées très mêlées, les vues ingénieuses et fécondes étant étouffées par les moins bonnes : nous risquions ainsi, par excès de vérité et scrupule d'exactitude, d'aller à l'encontre de notre but. D'ailleurs, à la vérité, en procédant ainsi nous aurions au fond trahi la pensée de Binet : sans doute il ne reniait pas ses œuvres du début, mais il les considérait comme autant d'étapes nécessaires, de moins en moins imparfaites, sur le chemin de la vérité. C'est pourquoi, nous avons pensé être plus fidèles à l'œuvre de Binet et à son projet d'un traité de psychologie en allant en chercher les matériaux seulement dans deux ouvrages : la *Psychologie du Raisonnement* et l'*Etude expérimentale de l'Intelligence*, qui se complètent mutuellement, le second corrigeant même le premier sur plusieurs points.

Ainsi limitée, notre tâche nous a paru beaucoup plus facile et, répétons-le, nous ne croyons pas que Binet ait procédé autrement. Etant donné le cadre très restreint de notre étude et aussi le but que nous cherchons à atteindre — faire connaître et étudier Binet — nous ne ferons pas ce qu'il n'eût pas manqué de faire lui-même : l'exposé des nombreuses expériences qui l'avaient conduit à ses convictions. Nous nous bornerons à renvoyer le lecteur aux ouvrages où il trouvera, soit l'exposé méthodique de ces expériences, soit l'indication des recherches complémentaires que Binet se proposait d'entreprendre.

A force d'avoir vécu si longtemps en commerce

intime avec l'esprit ou mieux avec les esprits, Binet
qui était venu à la psychologie sans aucune idée préconçue, avait fini par se faire un certain nombre
de convictions bien établies et aussi il avait vu s'ouvrir devant lui des perspectives plus lointaines dont
il a quelquefois brossé les grandes lignes. Pour la
commodité de l'exposition, nous nous permettrons
de présenter objectivement les unes et les autres, ne
citant le nom de Binet que pour les références indis-
pensables.

Dès l'abord, un difficile problème se présente
dont la solution est appelée à exercer une grosse
influence sur la marche des recherches : quelle est la
nature de l'esprit ? Il ne s'agit pas bien entendu de
la réponse métaphysique qu'on peut faire à une telle
question et qui,ici,serait oiseuse,on la retrouvera du
reste plus tard (Ch. III). Ce qu'il nous faut maintenant, c'est une réponse psychologique valable, c'est-
à-dire scientifique. A s'en tenir aux travaux des biolo-
gistes, des neurologistes et des aliénistes — voire
des philosophes comme Taine — on pourrait répondre — et cela a été fait — : la pensée est une secré-
tion des cellules nerveuses, tout comme la digestion
résulte des sécrétions stomacales et intestinales. Dans
ces conditions, il suffirait de pousser assez loin les
investigations du scalpel et du microscope pour surprendre sur le vif les secrets de la pensée. Une pareille tentative est décevante : si grands qui puissent
être les progrès de la physiologie et de l'anatomie
nerveuses, ils ne nous fourniront jamais que des
renseignements sur le jeu des cellules, c'est-à-dire

en définitive, sur du matériel et de l'étendu, alors que la pensée est tout autre chose. Sans doute, pour subsister, elle a besoin de cette charpente nerveuse dont l'intégrité est nécessaire à son fonctionnement et dont les défauts se répercutent longuement en elle. Mais quand on a signalé cela, on n'a traité qu'une bien petite partie de la question. C'est comme si l'on prétendait ramener l'étude de la biologie à la chimie minérale, en se bornant à étudier les corps simples, en nombre d'ailleurs restreint, qui entrent dans la composition des tissus vivants. « Les intransigeants de la psychologie qui poussent toute chose jusqu'au bout, ont soutenu qu'il faut dire : « Il raisonne dans mon esprit, comme on dit il tonne dans le ciel. » Ces expressions ne sont pas seulement ridicules, elles sont inexactes, ce qui est pire; la formation d'un moi, comme centre et sujet de tous les phénomènes psychologiques n'est pas une affaire de convention; c'est un phénomène naturel, qui se réalise chez tous les hommes. » (Psych. du Raisonnement, p. 162). Dès qu'on aborde la pensée, on est devant un fait nouveau, nettement hétérogène aux phénomènes nerveux qui l'accompagnent : « Nous raisonnons parce que nous avons dans notre cerveau une machine à raisonner » (id. 163) et ailleurs : « La fusion des images zootropiques se fait dans le cerveau et non, comme on pourrait le croire, dans la rétine. Ce qui le prouve, c'est tout d'abord que les images consécutives de la vue qui interviennent dans cette fusion ont un siège cérébral. En second lieu, preuve plus directe, la fusion ne s'opère pas en

bloc, mais seulement entre les portions semblables
des images, ce qui suppose un pouvoir d'analyse
qui manque certainement à la rétine » (Psychologie
du Raisonnement, 104). La pensée est donc bien une
activité originale, ayant ses conditions propres et par
conséquent aussi ses lois.

Reste alors, et les problèmes surgiront tour à
tour à mesure que se présenteront les faits, à déterminer le rôle de la pensée, du raisonnement, à rendre compte de la conscience, enfin et surtout à trouver les lois générales de l'esprit. Tout d'abord le rôle
de la pensée : elle est la fonction par laquelle l'esprit
s'empare de la réalité, non pas simplement dans
un but spéculatif, mais pour s'en servir. La raison
est simplement un outil qui nous permet de débrouiller le réel pour vivre mieux et plus complètement. Ce sont d'abord nos sens qui lui fournissent
ses premiers matériaux en l'éclairant sur les multiples aspects de la réalité. Puis le raisonnement
intervient pour pousser plus loin encore, compléter
les données sensorielles et les organiser : « Telle est
la fonction du raisonnement, il agrandit la sphère
de notre sensibilité et l'étend à tous les objets que nos
sens ne peuvent pas connaître directement. Ainsi
compris, le raisonnement est un sens supplémentaire, qui a l'avantage d'être affranchi de ces conditions étroites du temps et de l'espace, les deux enne-
mies de la connaissance humaine. Le raisonnement
est tour à tour œil qui voit, main qui touche, oreille
qui entend » (Psychologie du Raisonnement, 150).

Mais ce jeu mental des idées n'est pas tout dans

l'esprit humain. Il y a, en outre, la conscience, dont la présence d'ailleurs n'ajoute rien, mais qui permet à l'individu de prendre connaissance de ce qui se passe dans la pensée. En somme, il y a d'abord le fait intellectuel, puis la conscience que nous en prenons. Le premier seul est important, le second pouvant disparaître sans que soit troublée la marche des idées : « La conscience n'est qu'un épiphénomène, surajouté à l'activité cérébrale, et pouvant disparaître, sans que le processus nerveux correspondant soit altéré. » (Loc. cit. 115.)

La troisième partie du programme est la plus difficile à remplir : quelle est la loi ou les lois générales auxquelles obéissent les phénomènes psychiques ? En d'autres termes, comment peut-on formuler dans le monde mental l'équivalent de ce qu'est la loi de la gravitation universelle pour le monde matériel ? A cette question, les psychologues anglais et, avec eux, bon nombre d'autres, ont répondu : ces lois sont les lois de l'association des idées. L'organisation du monde mental n'est pas autre chose, au bout du compte, que les diverses combinaisons des images obtenues selon les règles de l'association. Sans doute ces règles ont été et sont encore de fils directeurs précieux, mais il serait peut-être prématuré de les considérer comme le dernier mot de la science psychologique : « Aussi croyons-nous que Stuart Mill a été trop exclusif, quand il a dit que toutes les explications psychologiques consistent à ramener aux lois de l'association le fait à expliquer. Ce qu'il faut retenir de l'opinion de Stuart

Mill, c'est qu'en psychologie comme dans toutes les autres sciences, une explication ne doit rien postuler en dehors des vérités connues et établies à la même époque ; or, comme les seules lois psychologiques qu'on puisse, quant à présent, considérer comme établies, sont celles de l'association, il n'y a qu'elles que l'on puisse provisoirement faire intervenir dans des explications » (loc. cit. 87). Mais ce n'est que provisoire et dès à présent on peut entrevoir autre chose : « Quand on a prononcé ce grand mot d'association, on pense avoir tout dit. C'est un tort. S'il y a des hallucinations qui ne sont guère que des souvenirs ressuscités sous une forme sensible, et dans lesquels l'esprit du malade se laisse guider par des associations préétablies et toutes faites, ce n'est pas là une règle générale » (loc. cit. 53), et ailleurs : « L'existence de thèmes de pensée est inexplicable par l'automatisme \des associations... Pour qu'un thème se développe, il faut une appropriation des idées, un travail de choix et de rejet qui dépasse de beaucoup les lois de l'association. Celle-ci n'est intelligente que si elle est dirigée ; réduite à ses seules forces, elle utilise n'importe quelle ressemblance, n'importe quelle contiguïté : elle ne peut donc produire que de l'incohérence; et tout au plus pourrait-elle expliquer la succession de paroles d'un maniaque ou les images kaléidoscopiques de la rêverie » (Etude expérimentale de l'Int. 69). Il faut donc chercher à corriger et à compléter ce qu'il y a d'insuffisant et d'incomplet dans la théorie de l'associationnisme. Sans doute, le point de départ était bon : la vie de l'esprit n'est pas autre chose que l'activité des images qui s'y trouvent, quelle que soit d'ailleurs leur origine : « L'activité de l'esprit résulte de l'activité des images comme la vie de la ruche résulte de la vie des abeilles ou plutôt comme la vie d'un organisme résulte de la vie des cellules. » (Psych. du Raisonnement, in fine). Mais l'explication associationniste est trop simple : le processus mental est plus complexe. En réalité dans toute opération intellectuelle, il y a en jeu 3 images, les 2 premières étant liées par la ressemblance, la seconde et la 3ᵉ par contiguïté, la seconde jouant ainsi le rôle de trait d'union entre les deux extrêmes et disparaissant de l'opération finale : « Trois images qui se succèdent, la première évoquant la seconde par ressemblance et la seconde suggérant la troisième par contiguïté, voilà le raisonnement. Mais ce serait une erreur de croire que ce processus est spécial au raisonnement. Loin de là. On le retrouve dans toutes les opérations intellectuelles ; c'est le thème unique sur lequel la nature a brodé les variations infinies de notre pensée » (Psych. du Raisonnement, 156.)

A s'en tenir là, il semblerait que la trame de la pensée soit uniquement constituée par les images. Cette conclusion nous ramènerait, par un détour, à la théorie combattue tout à l'heure, qui fait du phénomène mental un simple reflet du processus nerveux. Par là, la fonction mentale se verrait privée de l'activité originale qui en fait une fonction à part. La thèse exprimée dans la *Psychologie du*

Raisonnement ne doit donc pas être poussée trop loin ; elle appelle même certaines corrections. En réalité « l'esprit n'est pas à rigoureusement parler, un polypier d'images, si ce n'est dans le rêve ou dans la rêverie ; les lois des idées ne sont pas nécessairement les lois des images ; penser ne consiste pas seulement à prendre conscience des images, faire attention ne consiste pas seulement à avoir une image plus intense que les autres... Certaines pensées concrètes se font sans images... Souvent même l'image n'est pas cohérente avec la pensée ; on pense une chose et on s'en représente une autre... Il me semble difficile de supposer que l'image — j'entends l'image sensorielle, dérivée des perceptions des sens — puisse être toujours coextensive à la pensée. La pensée se compose non seulement de contemplation, mais de réflexions ; et je ne vois pas bien comment la réflexion pourrait se traduire en images, autrement que d'une manière symbolique... Comprendre, comparer, rapprocher, affirmer, nier, sont à proprement parler, des actes intellectuels et non des images » (Etude expérimentale de l'Intell. 104 et 105).

Voilà qui est très net : on ne peut espérer rendre compte de la pensée par le seul jeu des images, c'est-à-dire des données sensorielles : « L'image n'est qu'une petite partie du phénomène complexe auquel on donne le nom de pensée ; la facilité qu'on éprouve à décrire l'image mentale, et sans doute à la comprendre par la comparaison un peu grossière qu'on en a fait avec une image enluminée d'Epinal, est ce qui a fait illusion sur son importance » (loc.cit.,103).

On ne peut donc pas confondre le jeu des idées avec
le jeu des images ; le premier déborde le second de
toutes parts : « C'est intentionnellement que j'oppose ces deux termes d'idéation et d'imagerie que
tant d'auteurs ont confondus ; par idéation, j'entends largement tous les phénomènes de la pensée ;
l'imagerie a un sens plus restreint ; elle est une re-
présentation sensible soit d'un objet, soit d'un mot »
(loc. cit. 81).

Mais alors, si la pensée est autre chose que la
combinaison des images, qu'est-elle ? Loin d'être un
résultat et une conclusion, elle est un point de départ. Elle n'est même pas seulement la forme vide
où viennent s'insérer les données sensorielles, elle
est une force d'organisation. Les données sensorielles ne seraient rien qu'un amas stérile d'images sans
lien si l'activité psychique ne leur faisait subir une
élaboration destinée à les assimiler. De même que
la sève brute serait sans utilité pour l'arbre si elle
ne devenait sève élaborée, de même que les aliments
ne deviennent réellement nutritifs que lorsqu'ils
ont subi les multiples transformations des digestions
stomacales et intestinales, de même la pensée est la
puissance d'organisation interne qui assure la vie de
l'esprit : « La pensée est un acte inconscient de l'esprit qui, pour devenir pleinement conscient, a besoin de mots et d'images. Mais quelque peine que
nous ayons à nous représenter une pensée sans le
secours des mots et des images — et c'est pour cette
raison seulement que je la dis inconsciente — elle
n'en existe pas moins, elle constitue, si l'on veut

la définir par sa fonction, une force directrice, organisatrice, que je comparerais volontiers — ce n'est probablement qu'une métaphore — à la force vitale qui, dirigeant les propriétés physico-chimiques, modèle la forme des êtres et conduit leur évolution, en travailleur invisible dont nous ne voyons que l'œuvre matérielle » (loc. cit. 108).

Ceci étant admis, il n'est plus douteux qu'il ne faut plus espérer rendre compte de tous les actes mentaux par l'étude des seules images. La question est trop complexe pour être ainsi résolue par une solution simple. Pour essayer d'y voir clair, il n'y a plus d'autres ressources que de se plonger dans le réel psychique et d'essayer de le débrouiller. Par quelle méthode aura-t-on des chances de réussir ? Puisque le monde de la pensée est radicalement hétérogène au monde physique comme au monde biologique, c'est à une méthode purement psychologique qu'il faudra faire appel. La seule attitude scientifique sera de se placer devant le monde mental pour l'interroger et par des investigations d'ordre purement psychologiques, analytiques, chercher à surprendre ses secrets. L'enfermera-t-on à l'avance dans les cadres classiques : étude de la perception, de la mémoire, de l'imagination, etc. ? Non, sans doute, car ce serait postuler à l'avance des subdivisions qui devront n'apparaître qu'après coup. Il suffit, ayant fait table rase des notions antérieurement reçues, d'interroger aussi minutieusement que possible et avec le maximum de précautions le plus grand nombre possible de consciences : enfants, adultes, savants, écrivains, imbéciles d'asile, etc., prenant partout des notes qu'il ne s'agit plus ensuite que de rapprocher et de comparer pour en tirer enfin des conclusions. En somme il faut prendre le contre-pied de la méthode classique, qui étudie les lois générales de la psychologie pour en déduire ensuite les caractères individuels. On part ici, au contraire, de la psychologie individuelle, dont l'étude patiente peut seule conduire à des traits plus généraux.

Quant à l'ordre dans lequel on conduira cette analyse, ce sera l'ordre naturel, c'est-à-dire qu'on commencera par étudier les phénomènes les plus courants — sinon les plus simples — pour s'élever ensuite aux fonctions plus complexes.

§ I. — *Le mot et la pensée.*

L'analyse psychologique ainsi comprise suppose évidemment des rapports permanents entre l'expérimentateur et le ou les sujets. Or, ces rapports ne peuvent s'établir que par la parole. En effet, on ne peut plus se contenter, comme dans la psycho-physique allemande, de mesurer des phénomènes externes, car dans ces mesures la pensée se déroberait. On est donc bien obligé de recourir à l'introspec-tion du sujet : mais il ne s'agit plus de cette étude interne du sujet par lui-même qui a soulevé à juste titre tant de critiques. Il s'agit de laisser le sujet expliquer le plus clairement et le plus abondam-ment possible ce qui se passe en lui, sans d'ailleurs

tirer aucune conclusion, ce rôle étant dévolu à l'expérimentateur ; en somme, à l'analyse purement objective qui est insuffisante et à l'analyse purement subjective qui est dangereuse, on substitue une analyse
mixte qui tâche à réunir le maximum de renseignements avec le maximum de précision — sinon
d'exactitude. On a vu du reste dans le premier chapitre ce qu'était cette méthode dans son détail. N'en
retenons simplement ici que ce qui nous intéresse,
à savoir l'importance capitale jouée par la parole
dans ces recherches. Il importe donc de fixer dès
l'abord les rapports que soutiennent entre eux le mot
et la pensée. La pensée précède le mot : si difficile
en effet qu'il soit d'admettre cette antériorité de la
pensée par rapport au mot, on ne peut y échapper.
Par quel mécanisme pourrait-on rendre compte de
l'apparition d'une réponse exacte, d'une observation
juste ? La pensée sans doute reste inconsciente tant
qu'elle ne s'est pas traduite verbalement : il n'est pas
moins vrai qu'elle préexiste à cette forme verbale.
C'est si vrai qu'il arrive parfois que nous éprouvions
de la difficulté à énoncer une pensée : un mot ne
nous satisfait pas, nous le nuançons par des adjec-
tifs, etc., sans pourtant arriver quelquefois à obtenir
une traduction satisfaisante. Même les paroles spon-
tanées n'échappent pas à cette nécessité d'être
d'abord pensées : « Il faut admettre que bien des
réflexions qu'une personne fait spontanément supposent une pensée antérieure aux mots qui l'expriment,
une pensée dirigeant les mots et les organisant. »
(Et. exp. de l'Int., 106).

Mais le fait que la pensée précède la parole et que l'adéquation n'est pas parfaite entre l'une et l'autre soulève pour le psychologue une difficulté de plus, car il lui faut dans la paille des mots démêler le grain des idées. Une très grande prudence lui est donc nécessaire ; il importe surtout qu'il connaisse bien à l'avance cette difficulté dont l'ignorance pourrait le conduire à des erreurs graves. C'est ainsi qu'en examinant des enfants d'école, on s'aperçoit souvent que la vraie pensée se dérobe derrière un vernis d'érudition qui n'est qu'une façade.

D'autre part, l'expérimentateur parle, lui aussi : l'étude du processus par lequel ses mots pénètrent dans l'esprit du sujet pour y éveiller des idées est aussi très importante. « Comment se fait le passage du mot à l'idée ?... Je suis arrivé à admettre que l'opération totale comprend quatre phases, qui sont : 1° l'audition du mot, 2° la perception de son sens, 3° un effort pour évoquer une image ou préciser une pensée, 4° l'apparition de l'image. » (loc. cit., p. 73). Si l'attention du sujet n'est pas suffisamment en éveil, il pourra arriver que la première opération ait seule lieu. A s'en tenir là, le psychologue pourrait être conduit à un diagnostic peu favorable quant à l'intelligence du sujet. Il ne devra donc pas, devant une expérience à résultat négatif, conclure trop précipitamment, mais au contraire la recommencer dans des conditions différentes, de manière à dépister les défaillances possibles de l'attention.

Ces conclusions sont surtout, à vrai dire, des conseils méthodologiques : elles n'en constituent pas

moins des résultats précieux à consigner. Nous allons
maintenant entrer davantage dans le cœur du sujet.

§ II. — *La Perception.*

Avant l'étude de la perception, on trouve d'ordinaire celle de la sensation. Du point de vue où nous
nous sommes placés, nous pouvons, en toute rigueur,
nous en dispenser. En effet, nous avons dit que la
raison n'est en somme pour l'homme qu'un instrument qui lui permet de connaître le réel et de l'utiliser à ses fins propres.

Dans ces conditions, nous devons admettre que
la sensation brute en tant qu'elle n'est pour l'individu qu'une impression purement passive, lui est
d'un faible secours. La perception, au contraire, qui
suppose l'intervention de l'individu, est la première
démarche, essentielle d'ailleurs, de l'esprit. Elle suppose sans doute d'abord une sensation qui lui donne
naissance, mais aussi une activité du cerveau : « La
perception est donc un état mixte, un phénomène
cérébro-sensoriel, formé par une action sur les sens
et une réaction du cerveau. On peut la comparer à
un réflexe dont la période centrifuge, au lieu de se
manifester au dehors par des mouvements, se dépen-
serait à l'intérieur en éveillant des associations
d'idées. La décharge suit un canal mental au lieu de
suivre un canal moteur. » (Psych. du Rais., p. 11).

Ce qui démontre surabondamment que, dans la
perception, l'esprit est actif, c'est son processus

même. La perception, en effet, est un véritable raisonnement ; ce qui empêche le sujet de s'en apercevoir, c'est que ce raisonnement ne se formule pas d'un façon consciente : « Pour prendre une comparaison tirée des sciences naturelles, la perception externe est un raisonnement, au même titre que l'amphioxus, qui n'a pas de vertèbres, est un vertébré. » (Psych. du Raisonnement, p. 76). Ce n'est que par l'analyse rigoureuse de ses conditions et de son fonctionnement qu'on peut mettre en lumière cet aspect formel de la perception qui échappe à un examen superficiel : « En résumé, la perception et le raisonnement ont en commun les trois caractères suivants : 1° appartenir à la connaissance médiate et indirecte, 2° exiger l'intervention de vérités antérieurement connues (souvenirs, faits d'expérience, prémisses), 3° supposer la reconnaissance d'une similitude entre le fait qui est affirmé et la vérité antérieure sur laquelle il s'appuie. » (loc. cit., p. 82).

En résumé, dès sa première démarche utile à l'égard du réel, l'esprit se montre actif. Il s'arrange pour prendre dans le réel ce qui peut lui servir ; mieux encore, il est organisé pour cela et rien que pour cela. Par là nous nous rencontrons avec les théories pragmatistes : Binet cite d'ailleurs volontiers W. James.

§ III. — *Raisonnement.*

Ce qui précède nous dispense d'insister longuement sur la théorie du raisonnement : « Le raisonnement est l'établissement d'une association entre deux états de conscience, au moyen d'un état de conscience intermédiaire qui ressemble au premier état et qui, en se fusionnant avec le premier, l'associe au second. » (Psych. du Raisonnement, p. 141). Remarquons bien que cette double liaison associative a lieu, non pas seulement entre trois images, mais entre trois états de conscience quelconques. Le raisonnement devient ainsi, comme on l'a vu plus haut, la base même de la vie psychologique. Par là, nous éliminons de nos recherches l'étude du jugement qui n'a pas de réalité psychologique. Ce n'est que par un artifice logique qu'on peut l'isoler du processus psychologique dans lequel il est inclus : sans doute une telle manière de faire est indispensable en logique formelle, où il s'agit de démonter pièce par pièce les éléments de la pensée ; mais ce serait une source d'erreur que d'en faire autant en psychologie. Pour nous servir encore d'une comparaison tirée des sciences naturelles, nous pourrions dire que la logique est comme l'anatomie de l'esprit, tandis que la psychologie en est la physiologie. Or, en physiologie, on ne se préoccupe plus de la structure interne ou de la forme des organes. On les prend tels qu'ils sont et on étudie seulement leur fonctionnement et les rapports qu'ils soutiennent entre eux. C'est un allègement utile pour la psychologie que de lui retirer l'étude des questions qui sont l'objet d'autres sciences, et qu'elle retrouve d'ailleurs plus tard impliquées dans des combinaisons plus larges. Or, la pensée va d'emblée au raisonnement sans s'arrêter à l'étape intermédiaire du jugement pas plus d'ailleurs qu'elle ne s'arrête à la notion du concept. Tout ce que la pensée conçoit, elle le conçoit sous forme de raisonnement, et s'il est vrai que tout raisonnement soit composé au bout du compte de concepts et de jugements, la pensée n'en a pas conscience. Il est donc inutile de faire subir à la pensée une dissociation qui n'a aucune réalité pratique.

Pour nous résumer d'un mot, la pensée va spontanément au raisonnement qui est, nous l'avons vu, une double fusion d'images et d'états de conscience. L'effort du psychologue sera donc de retrouver partout ce jeu d'images.

§ IV. — *L'inconscient.*

Les explications précédentes nous permettent de rendre compte d'une question sur la réalité de laquelle on ne discute plus aujourd'hui, mais dont aucune solution n'a encore su rallier l'unanimité : l'inconscient. En effet, la double liaison associative dont nous avons rendu compte au précédent paragraphe peut se traduire par une image dont le sujet prend conscience ; mais il peut se faire aussi que cette image n'apparaisse pas ; la liaison n'en existe pas moins ; seulement elle reste inconsciente pour le sujet : « ...Le raisonnement peut devenir inconscient sans qu'on soit obligé de supposer un changement profond du phénomène. Quand on admet que le raisonnement résulte d'une faculté de l'âme, est-il question plus embarrassante que d'expliquer l'inconscience de certains raisonnements ? A notre point de vue, rien n'est plus simple. Le raisonnement est une synthèse d'images. Les images sont la partie psychique d'un tout psycho-physiologique ; si elles manquent, le processus physiologique reste ; lui seul est essentiel, et il est suffisant. Le mécanisme physiologique joue, comme s'il était accompagné de son épiphénomène, la conscience ; il fait son œuvre sans bruit, et atteint aussi sûrement le résultat final. » (Psych. du Raisonnement, p. 165). Ainsi entendu, le phénomène de l'inconscient s'éclaircit : cependant, l'emploi de ces termes « processus physiologique », « mécanisme physiologique », pourrait faire illusion. On semble, avec eux, en revenir à la théorie qui fait de l'activité mentale un phénomène purement nerveux. Nous serions ainsi en contradiction manifeste avec les vues qui précèdent ; en réalité, si nous comprenons bien les idées de Binet, ces expressions n'ont été employées que par suite de l'incertitude du vocabulaire : en effet, le mot *processus psychologique* semble impliquer conscience de la part du sujet, alors qu'on veut exprimer ici tout l'inverse. Mais cette question de mots — pour importante qu'elle soit — ne saurait suffire pour faire rejeter toute la théorie, fort ingénieuse, fort cohérente, qui revient à ceci : tout phénomène mental résulte de l'activité spéciale d'une fonction — nous ne disons pas d'un organe — la fonction pensante. Si cette activité aboutit à une ou des images, elle s'accompagne de conscience, c'est-à-dire que le sujet peut rendre compte au moins du résultat. Si l'image n'apparaît pas, le phénomène a lieu néanmoins, il prend sa place parmi les autres, il s'insère dans la vie psychique sur laquelle il exerce une certaine influence, mais le sujet qui subit cette action n'en a pas conscience. Telle est, croyons-nous, la théorie de Binet. Doit-on l'accepter sans réserves, c'est ce que nous examinerons plus tard. Pour l'instant, nous exposons les idées de Binet, nous réservant d'y revenir dans un paragraphe spécial.

§ V. — *L'abstraction.*

Dans des recherches qui, systématiquement et à bon droit, selon nous, s'interdisent une analyse logique des idées, comment se pose le problème de l'abstraction ? Tout d'abord par une question préjudicielle : l'expérimentateur peut-il observer chez un sujet des idées abstraites ? A cela on peut répondre sans hésiter par l'affirmative. En de multiples rencontres, il faut se rendre à l'évidence que le sujet a eu dans l'esprit l'idée exprimée par le mot chien et même jusqu'à un certain point qu'il en a eu l'image. Il faut lire, dans l'*Etude expérimentale de l'Intelligence*, tout le chapitre qui met en lumière cette capacité de l'esprit (pages 135 à 154).

Etant entendu que les idées abstraites existent, il reste à rendre compte d'abord de leur mode d'apparition et ensuite des controverses ardentes auxquelles elles ont donné naissance ; car au fond, la vieille

querelle du nominalisme, du réalisme et du conceptualisme se rallume tous les jours sous des noms
nouveaux. Il est possible peut-être de mettre tout
le monde d'accord, si on veut bien se rappeler que
la pensée n'est en somme qu'un outil que nous pos-
sédons pour débrouiller le réel. Dans ces conditions,
il est facile de se rendre compte que l'apparition des
idées abstraites facilite grandement sa tâche en lui
permettant de ranger la réalité sous un certain
nombre de rubriques qui sans doute n'ont pas de
réalité objective, en ce sens que s'il existe des chevaux, il n'existe pas la chevaléité ; mais en tant
qu'idées, leur existence est aussi certaine que celle
de toutes les autres. On peut même aller jusqu'à dire
que la distinction n'a pas de sens car toute idée est
abstraite ; elle n'est qu'un instantané sur le réel.
L'idée que nous appelons concrète ne peut pas prétendre épuiser les mille nuances de l'objet qu'elle
représente ; elle fait un choix et ne retient parmi
elles que celles qui correspondent à ses besoins pré-
sents. L'idée abstraite ne procède pas autrement ;
seulement, au lieu de simplifier un objet, elle en
simplifie un certain nombre dont elle ne retient plus
que les caractères communs, les seuls qui lui soient
utiles. Nous retrouvons là sous un autre nom la théorie pragmatiste avec laquelle nous avons déjà eu
l'occasion de faire des rapprochements : « ...Tous
les théoriciens de la généralisation ont eu raison ;
s'il existe une âme de vérité dans les systèmes les
plus opposés, c'est que les formes d'images dont la
pensée se sert pour arriver au général ne sont qu'un

accessoire ; la pensée générale n'est expliquée, à proprement parler, ni par le nominalisme, ni par le
réalisme, ni par le conceptualisme, mais bien, qu'on
me passe ce mot nouveau, par l'intentionnalisme. »
(Etude expérimentale, p. 154).

Cependant et par là on écarte une cause d'erreurs
assez fréquente, il ne faudrait pas donner le nom
d'idées abstraites à ces idées vagues, fugitives, qui
s'esquissent à peine sur le champ de la conscience
au cours d'une conversation par exemple. Il est bien
certain que, dans la pensée rapide, naissent une foule
d'idées qui sont dépouillées de caractères individuels
et qu'on serait assez tenté de prendre pour des idées
générales ; ce sont simplement des idées inachevées,
incomplètes, auxquelles la rapidité de la pensée n'a
pas permis de se développer. Loin d'être représen-
tatives de tout un groupe dont elles expriment l'es-
sence, elles ne représentent même pas un sujet déter-
miné : « Je crois être plus près de la vérité en admet-
tant que ce sont là des pensées indéterminées, des
pensées arrêtées dans leur développement, restées
embryonnaires. » (Et. expér. de l'Int., p. 139).

§ VI. — *L'attention.*

C'est la fonction mentale par excellence, car
sans elle les autres n'existeraient pas. Supposez, en
effet, un esprit qui serait incapable de fixer, ne fût-ce
qu'un instant, l'une des idées qui se pressent dans
le champ de la conscience, et vous verrez aussitôt
qu'il lui serait impossible de raisonner, d'imagi-

ner, etc., voire simplement de comprendre. Il resterait inerte devant ce flux ininterrompu sur lequel
il n'aurait aucune prise, ou plutôt il serait emporté
comme une épave par cet océan impétueux. Il y a
longtemps d'ailleurs qu'on est d'accord sur ce point.
Seulement, où l'entente cesse, c'est lorsqu'il s'agit
d'étudier ce mécanisme de fixation ou tout au moins
de ralentissement. Pour être sûr de le saisir dès son
apparition dans la vie mentale, on a voulu commencer par le saisir dans ces phénomènes élémentaires
où il semble apparaître spontanément en dehors et
même contre notre volonté : un bruit violent, une
lumière soudaine, etc., interrompent pour un instant le cours de nos pensées ; nous restons en quelque
sorte en suspens devant ce fait nouveau qui surgit et
qui contraste violemment avec tout ce qui le précède.
En réalité, cette forme de l'attention n'a avec l'attention volontaire d'autre similitude que le nom. Ce qui
compte dans la vie de l'esprit, ce ne sont pas ces in-
terruptions brutales où il n'a aucune part, ce sont
les inhibitions réfléchies et voulues qui refrènent
pour un moment les idées parasites, c'est ce pouvoir
d'arrêt qui dit à une idée : « Tu resteras devant moi
tant que j'aurai besoin de toi » et qui dit aux autres :
« Vous n'entrerez pas pour l'instant ». Il y a là une
double intervention : celle de la réflexion d'abord,
qui choisit son objet parmi mille autres, celle de la
volonté ensuite, qui le maintient et lui conserve le
champ libre. Il n'y a pas de transition entre l'attention spontanée et l'attention volontaire : ce sont deux
phénomènes différents, dont l'un est très pauvre et

s'épuise en lui-même et dont l'autre gouverne toute la vie mentale qu'il détermine et conditionne. C'est de lui seul que la psychologie a à s'occuper : « Les auteurs qui ont traité de l'attention et de son mécanisme au point de vue de la psychologie générale ont jugé que l'explication complète de cette fonction importante ne pouvait être donnée que si on prenait en considération non seulement l'attention volontaire, réfléchie, hautement élaborée, mais l'attention spontanée dans ses formes les plus humbles. Sans doute on a eu raison, au point de vue de la psychologie générale, d'employer cette méthode dite génétique. Mais il en est tout autrement, je crois, pour la psychologie individuelle ; ici, ce qu'il importe d'étudier, ce n'est pas la forme primitive et spontanée, mais bien la forme complexe et réfléchie ; car, dans la constitution d'un caractère, le développement de la force volontaire d'attention tient une place des plus importantes, tandis que la disposition à l'attention spontanée est presque négligeable. C'est l'attention volontaire qui exprime la maîtrise de soi, la coordination de tout l'être et qui est juste l'opposé, dans le domaine intellectuel, de l'éparpillement, des caprices et de l'aboulie. Aussi doit-on, en psychologie individuelle, remettre les choses en place ; quand on s'occupe d'attention, c'est presque exclusivement d'attention volontaire qu'on doit parler. » (Etude expér., p. 232 et sq.).

Etant donnée alors cette conception de l'attention, comment l'expérimentateur pourra-t-il saisir une fonction aussi vaste ? Il faut d'abord considérer un fait remarquable : dans toutes les expériences de laboratoire où l'on se propose d'étudier la mémoire, l'imagination, etc., nous pourrions dire dans tous les cas où ces facultés particulières entrent en activité dans la vie mentale du sujet — l'attention joue un rôle de premier ordre. En effet, le sujet serait incapable par exemple de mémoriser s'il n'avait pas au préalable prêté fortement son attention à l'objet qu'on lui propose. De sorte qu'à la fin du compte, dans tous les phénomènes psychologiques que l'on étudie, l'attention apparaît : « La plupart des expériences de laboratoire portent moins sur des facultés particulières que sur des facultés qui s'exercent avec le concours de l'attention volontaire, et il est à craindre que, le plus souvent, ce soit cette attention qu'on se borne à mesurer. » (loc. cit., p. 279). De cette constatation découlent deux conclusions : tout d'abord une indication méthodologique. Il faut cesser dès à présent d'espérer étudier séparément les diverses fonctions intellectuelles comme si elles étaient des facultés qu'on peut isoler. Ce qu'on doit faire, c'est réunir sans idée préconçue le plus de matériaux possible et en soumettant à une analyse rigoureuse les résultats obtenus, faire la part des éléments se rapportant à la mémoire, à l'imagination, etc., et, en fin de compte, à l'attention présente partout. Mais alors, et c'est là la seconde conclusion à laquelle on arrive, il ne faut pas espérer mesurer et saisir l'attention au cours d'une seule expérience : « La psychologie individuelle peut aujourd'hui faire une mesure de l'attention, mais c'est à la condition d'employer un ensemble de tests et d'interpréter tous les renseignements fournis par l'attitude mentale des sujets, leurs réflexions et leurs réponses. Ce serait une erreur de croire qu'il existe une petite expérience matérielle permettant de mesurer rapidement l'attention comme on compte le pouls. » (loc. cit., p. 256). Il faut procéder, pour employer le langage des mathématiciens, par des « recoupements », c'est-à-dire par des confrontations multiples entre les diverses expériences dont on a les résultats sous les yeux. C'est de cette manière seulement qu'on arrivera à se faire une idée un peu précise sur la capacité d'attention d'un sujet. Par là on évitera les causes d'erreur qui conduiraient à imputer à la mémoire par exemple ce qui revient à l'attention. Nous reverrons d'ailleurs avec plus de détails cette question quand nous parlerons de la mémoire.

§ VII. — *L'imagination.*

Les images qui apparaissent dans le champ de la conscience sont le plus souvent en dehors de l'action de la volonté. Elles naissent en quelque sorte spontanément par le libre jeu des associations. Cependant il peut également arriver que la volonté exerce son action sur l'imagerie mentale. Au lieu d'avoir un défilé d'images dont le sujet est seulement spectateur — comme c'est le cas dans la rêverie — ou d'arriver à une division de conscience qui fait que, tandis que l'esprit s'applique machinalement à un travail, la pensée vagabonde ailleurs — comme cela 'arrive quelquefois dans la lecture — on a ici une production d'images qui est voulue par l'esprit. Cela ne veut point dire que ces images sont fabriquées de toutes pièces par la volonté ; au contraire la fantaisie la plus absolue peut présider à leur formation ; mais cette prolifération d'images a été déclenchée par la volonté qui conserve d'ailleurs sur elles un droit de contrôle, rejetant celles qui ne se rapportent pas au sujet des préoccupations actuelles et plaçant les autres dans les meilleures conditions possibles de développement. C'est en cela que consiste l'imagination.

Il n'y a nullement lieu de faire ici la division classique entre imagination créatrice et imagination reproductrice, tout acte d'imagination comportant à des degrés divers l'intervention de la mémoire et du pouvoir créateur. Ce qu'il est beaucoup plus intéressant d'étudier et d'analyser, c'est la part qui revient à la volonté dans la formation des images. En d'autres termes, une image étant donnée, la volonté peut-elle lui faire subir telles transformations qu'elle veut ? La question est délicate et demande une analyse patiente et minutieuse : ce qui en augmente la difficulté, c'est que tous les individus sont loin de présenter à cet égard les mêmes aptitudes : chez les uns, les images sont extrêmement plastiques et se plient volontiers aux ordres de la volonté. Chez les autres, au contraire, elles résistent à ces suggestions et si l'on insiste, elles disparaissent. De plus, l'étude approfondie de l'imagerie exige de la part du sujet étudié une assez grande habitude de l'introspection ; il s'en faut donc de beaucoup qu'on puisse l'étudier sur n'importe qui et à n'importe quel moment. Il faut lire, dans *l'Etude expérimentale de l'Intelligence* tout le chapitre que l'auteur consacre à la question (pages 156 à 167) et dont aucun extrait ne peut suffire à donner une idée, même approximative. Ce chapitre constitue d'ailleurs une des meilleures leçons de psychologie expérimentale appliquée qu'on puisse trouver.

Ajoutons, pour être complet, que parmi ceux qui sont doués d'une imagination fortement plastique, il y aurait encore lieu d'établir des distinctions : « Il existe plusieurs types d'imaginatifs : tous ne sont pas nécessairement développés dans le sens de la vie intérieure ; on peut être un imaginatif à imagination pittoresque, comme V. Hugo et Théophile Gautier, ou un imaginatif de la vie intime et émotionnelle comme Sully-Prudhomme. » (Et. exp. de l'Int., p. 283).

Malgré l'abondante littérature que l'on trouve sur la question de l'imagination, elle est donc fort loin d'être résolue. Pour mieux dire, nous venons seulement de la voir posée sur son vrai terrain.

§ VIII. — *La mémoire.*

Il s'en faut de beaucoup que la mémoire soit une opération simple, comme on serait tenté de le croire. La mémoire n'est pas seulement une fonction automatique qui enregistre passivement les impressions pour les restituer ensuite également passivement. Pas plus ici qu'ailleurs, l'esprit n'abdique sa spontanéité et son activité. Tout d'abord dans la fixation des éléments, il y a lieu de considérer :

1° Le facteur personnel ;

2° Le facteur de l'intérêt ;

3° Le facteur de l'attention.

I. — *Facteur personnel.* — Dès qu'on veut faire une étude un peu détaillée de la mémoire, il ne faut pas oublier qu'il n'y a pas une mémoire unique, mais différentes mémoires, chacune avec son objet propre et même ses méthodes propres : mémoire des chiffres, des noms, des phrases, des formes, des couleurs, etc. Aucun individu ne les possède toutes à un égal degré. C'est le contraire — ou presque — 'qui est la règle. Ainsi en étudiant les mémoires-prodiges d'Inaudi et de Diamandi, on se trouve en présence d'individus doués d'une « capacité calculatrice » prodigieuse et qui sont très ordinaires dans les autres formes. Pour explorer la mémoire d'un sujet, il ne faut donc pas se borner à l'étude d'une seule forme : on pourrait commettre de graves omissions et même des erreurs. Remarquons bien d'ailleurs que ces aptitudes parfois extraordinaires de la mémoire sont en quelque sorte mécaniques; elles peuvent même être gênantes. C'est ainsi que nous avons connu l'un de nos collègues qui retenait à la première audition tous les numéros de téléphone entendus autour de lui. Il avait ainsi dans sa tête, et à son corps défendant, un véritable annuaire ! Les capacités particulières dont nous parlons ici sont donc indépendantes du sujet au même titre que sa force physique, l'acuité plus ou moins grande de ses sens, etc. Mais la personnalité du sujet peut également intervenir pour renforcer ou atténuer certaines formes de mémoire : c'est ce que nous allons voir maintenant.

II. — *Facteur de l'intérêt.* — Quand on s'intéresse particulièrement à un certain ordre de questions, la mémoire n'éprouve aucune peine à en fixer les éléments. C'est ainsi que le sportsman retient sans difficulté la généalogie et les performances des différents chevaux engagés dans les courses. L'intérêt que l'on porte à certains faits leur donne un relief saisissant qui leur permet de se fixer facilement. On peut tirer de là une règle pratique que nous reverrons en pédagogie : pour faciliter l'acquisition des notions scolaires, il serait de bonne politique pour l'instituteur d'utiliser cet attrait qu'ont les enfants pour certaines questions.

III. — *Facteur d'attention.* — C'est peut-être dans la mémoire que l'influence de l'attention est la plus sensible. Grâce à elle, en effet, le fait qu'il s'agit de fixer émerge nettement de tous les autres qui sont retenus dans la demi-conscience ou même dans l'inconscience. C'est ce qui cause quelquefois

des illusions : ainsi, bien qu'en fait l'enfant ait une
mémoire généralement meilleure que celle de
l'adulte, il arrive non moins généralement que
l'adulte retient mieux et plus de choses : l'explication de cette anomalie réside justement dans les
différences de l'attention aux différents âges : « L'enfant a plus de mémoire, l'adulte plus d'attention et
l'homme mûr, peut-on ajouter encore, plus de sens
critique ; l'expérience psychologique de répétition de
chiffres a donc été mal interprétée. Biervliet est le
premier auteur qui s'en soit aperçu. Il a distingué
deux éléments, la plasticité, qui diminue avec l'âge,
et la force d'attention, qui croît avec l'âge, et il
conclut que si l'adulte retient plus de chiffres que
l'enfant, c'est que l'augmentation de son pouvoir
d'attention compense, et au-delà, la diminution subie
par sa plasticité. » (Et. exp. de l'Int., p. 258).

Il y aurait lieu de reprendre les mêmes observations à propos de la conservation et de la reconnaissance des souvenirs, ce qui pousserait fort loin
l'analyse des qualités et des modalités de la mémoire.
Il en ressort que l'étude de la mémoire est des plus
délicates et qu'ici, plus encore peut-être que pour
l'imagination, il faut davantage tenir compte des
différences individuelles que des grandes lois de la
mémoire.

§ IX. — *Etude de la suggestibilité.*

A côté de ces recherches qui rentrent assez bien

dans les cadres de la psychologie classique, Binet en a entrepris d'autres qui sont peut-être l'esquisse de la psychologie de demain. Nous parlions tout à l'heure de ses études sur les révélations de l'écriture, nous devons parler ici de ses beaux travaux sur la suggestibilité et le témoignage. La suggestibilité n'était pas à proprement parler une question neuve quand Binet s'en occupa : Charcot, P. Janet, pour ne citer que ceux-là, y avaient déjà consacré de bonnes études. Seulement, on n'avait guère considéré jusque-là que la suggestibilité pathologique, tandis que Binet s'attache uniquement à la suggestibilité normale dont il montre toute l'importance dans la vie psychologique et dans l'éducation : « Les méthodes nouvelles que je vais décrire n'ont, je crois, aucun rapport pratique avec l'hypnotisme ; ce sont essentiellement des méthodes pédagogiques. » (La Suggestibilité, p. 2).

Comment Binet est-il amené à s'occuper de la suggestibilité, c'est ce qu'il nous indique au début et à la fin de l'ouvrage, tant il tient à insister sur cette idée : « Toutes les fois qu'on cherche à classer les caractères d'une manière utile, d'après des observations réelles et non d'après des idées *a priori*, on est amené à faire une large part à la suggestibilité. » (Op. cit., p. 3) et : « Cet ouvrage est l'exécution d'une toute petite partie d'un plan beaucoup plus général. Ce plan, auquel je travaille depuis bien des années et pour lequel j'amasse des matériaux dont la plupart n'ont pas encore été publiés, consiste à établir la psychologie expérimentale des fonctions supérieures de l'esprit, en vue d'une différenciation des individus. » (p. 385). Derrière la diversité des travaux et le caractère très varié des recherches faites ou indiquées, c'est donc bien toujours la même idée qu'on retrouve : constituer la psychologie par la psychologie individuelle expérimentale ; c'est ce qui donne son unité à une œuvre en apparence disparate.

Qu'est-ce que la suggestion ? On croit pouvoir répondre sans peine à cette question, mais dès qu'on veut serrer les choses de près, on s'aperçoit qu'il faut prendre des précautions si l'on ne veut accueillir ni erreurs ni confusions : « Au sens étroit du mot, dans son acception pour ainsi dire technique, la suggestion est une pression morale qu'une personne exerce sur une autre. » (Op. cit., p. 9 et 10).

Il s'agit donc de mettre en évidence le mécanisme par lequel s'exerce cette pression morale ; il s'en faut de beaucoup que ce mécanisme soit simple et unique. La suggestion, au contraire, peut naître par des processus bien différents. L'une de ces sources est l'idée directrice : « Cette idée directrice, c'est la personne elle-même qui la conçoit, par une opération d'autosuggestion, et la suite de l'expérience montre jusqu'à quel point la personne a été sensible à cette idée directrice qui l'entraîne à des erreurs d'observation. Des épreuves ainsi imaginées présentent un intérêt véritable pour ce qu'on peut appeler la critique scientifique ; car il est bien rare que les hommes de science observent et expérimentent sans avoir pour guide une idée directrice, dont ils poursuivent la vérification ; et il est par consé-

quent utile d'avoir une méthode qui pourrait à l'occasion nous apprendre quelle est l'impartialité d'observation que possède un individu et quelles sont ses
aptitudes scientifiques. » (Op. cit., p. 86). C'est pour
mettre en lumière cette influence d'une idée directrice simple que Binet imagine l'expérience suivante : on montre au sujet et successivement une
série de lignes droites, dont les cinq premières ont
12, 24, 36 et 48 millimètres, les trente et une suivantes ayant uniformément 60 millimètres. Il doit repro-
duire ces lignes au fur et à mesure de leur présentation. Après avoir vu les premières lignes, dont
l'accroissement continu est régulier, le sujet peut
adopter l'une des attitudes suivantes : ou bien, dès
que les lignes deviennent égales, il s'en aperçoit et
l'indique, ou bien, entraîné par l'idée d'accroissement, il continue d'augmenter régulièrement les
lignes égales. Il y a, bien entendu, une infinité de
variétés, depuis celui qui résiste dès la cinquième
ligne et pour toutes les suivantes, jusqu'à celui qui
cède docilement pour trente lignes ; les deux cas
extrêmes sont d'ailleurs rares. Il y a en outre dans
l'attitude des sujets un grand nombre de nuances qui
contribuent à faire de l'expérience la source d'observations très intéressantes. On arrive par là à connaître et à chiffrer la suggestibilité d'un sujet. Mais il
importe de bien s'entendre sur le sens de cette
mesure, qui n'est nullement comparable à la mesure
que l'on fait d'une longueur, par exemple : « Une
mensuration psychologique... n'est pas une mensuration véritable : c'est tout simplement un classe-

ment. Donner à une personne A un coefficient de suggestibilité égal à 6o veut dire que cette personne A a été plus suggestible qu'une personne B, dont le coefficient dans la même expérience a été seulement de 3o... Mais on ne peut pas savoir si A est deux fois plus suggestible que B parce qu'on ne sait pas si la différence entre les coefficients 3o et 3ı est égale à la différencè entre les coefficients 6o et 6ı. » (Op. cit., p. ıo3 et ıo4). Remarquons d'ailleurs qu'au point de vue pratique, les renseignements ainsi obtenus sont suffisants, car ce qui importe, c'est justement le classement des individus entre eux, ou, ce qui revient au même, le rang qu'on assigne à un individu en se référant à une moyenne bien établie.

On pourrait obtenir des renseignements du même ordre en faisant comparer aux sujets non plus des lignes, mais des poids. C'est ce que Binet a fait dans une deuxième série d'expériences. Dans l'une comme dans l'autre, les résultats auxquels il parvient sont surprenants.

Mais la suggestion peut aussi prendre naissance dans l'autorité morale qu'un individu exerce sur un autre : c'est la source de l'influence qu'un orateur exerce sur une assemblée, un professeur sur sa classe, etc. L'étude en paraît difficile, car il semble à peu près impossible de doser l'action morale d'un individu, mais « un expérimentateur dont l'action morale restera indéterminée, peut rechercher comment divers élèves se comportent par rapport à cette action morale, qui restera inconnue dans son degré, mais constante. » (Op. cit., p. 2ıı). Cette suggestion n'est pas douteuse. Binet cite cette confidence d'un prêtre, qu'au confessionnal, on obtient une réponse différente selon qu'on demande au sujet : « Avez-vous fait cela ? » ou « Vous avez fait cela ? » (p. 221, note).

Une pareille remarque est grosse de conséquences pratiques. Quand un juge d'instruction interroge un enfant — et même un adulte — la sincérité et l'exactitude des réponses dépendent au moins autant de l'interrogateur que de l'interrogé. Le juge peut prendre, en effet, l'une des quatre attitudes suivantes :

1° Ecouter seulement ce que dit le témoin ;

2° Lui poser des questions. Il risque alors de faire du forçage de mémoire, c'est-à-dire de suggérer des souvenirs qui n'existent réellement pas dans l'esprit du témoin ;

3° Exercer une suggestion douce en laissant deviner sa propre conviction et en témoignant sa satisfaction chaque fois que le témoin abonde dans son sens ;

4° Enfin, exercer une suggestion violente.

Binet a successivement étudié ce que l'on pouvait obtenir par chacune de ces attitudes dans l'expérience suivante : pendant douze secondes, on montre à un enfant un carton sur lequel on a collé six objets différents et on le soumet ensuite à l'une des épreuves suivantes :

1° Décrire, par écrit, tout ce qu'il a vu ;

2° Répondre à un questionnaire sincère ;

3° Répondre à un questionnaire contenant des questions-pièges ;

4° Répondre à un questionnaire uniquement composé d'inexactitudes, comme par exemple : « Décrivez le chapeau du personnage de la gravure » (lequel est réellement tête nue).

Les résultats auxquels il arrive ne laissent place à aucun doute. Quels que soient les sujets, les erreurs augmentent au fur et à mesure qu'on passe du premier procédé au second, puis au troisième, puis au quatrième. On arrive même à des précisions effarantes, certains sujets, rares il est vrai, étant capables de décrire un septième objet qui n'existe pas, mais dont une question insidieuse leur a suggéré l'existence !

La suggestion peut aussi s'exercer sous la forme de l'imitation. C'est ainsi que « les esprits sans originalité copient servilement toutes les excentricités de la mode, et que les individus qui ont de la difficulté à se faire une opinion par eux-mêmes s'assimilent de bonne foi tous les jugements de leur journal. » (Op. cit., p. 3o). L'imitation est bien difficile à saisir et le dispositif d'expérience qu'a imaginé Binet renseigne assez peu, mais indique la voie dans laquelle il faut s'engager.

Enfin, pour être complet, il faut faire ici une place à la suggestion motrice. Ainsi, ayant occupé d'une manière quelconque l'attention d'un sujet, on imprime à sa main un mouvement régulier et on abandonne sa main après un certain amorçage.

Selon que le sujet est plus ou moins suggestible, il s'arrêtera quand on l'abandonne ou continuera plus ou moins longuement. Des expériences faites par Bniet, il ressort nettement que l'automatisme intellectuel tel qu'il a été étudié plus haut et l'automatisme moteur tel qu'on vient de le voir, n'ont aucun rapport.

Nous retrouvons une fois de plus l'importance des différences individuelles. Ainsi l'expérimentation psychologique conduit donc Binet dans toutes les questions qu'il aborde, à constituer des types mentaux dont le caractère concret s'oppose en quelque mesure à l'abstraction des lois générales de la psychologie pratique.

§ X. — *Conclusions.*

Après cette trop rapide esquisse de ce qu'aurait pu être la psychologie générale d'A. Binet, il n'est pas interdit à l'un de ses admirateurs d'en présenter une critique ou tout au moins de signaler les points qui appelleraient un supplément d'enquête. Mais ces observations ne peuvent pas revêtir tout à fait la forme d'une critique, puisque nous ignorons quelle attitude aurait prise A. Binet s'il avait rédigé lui-même sa théorie.

D'une manière générale d'abord, et Binet n'en fait nul mystère, il abandonne volontiers les voies ordinaires de la psychologie générale pour prendre toutes les questions par le biais de la psychologie individuelle. Il n'est pas douteux que l'analyse des cas individuels ne soit une source de trouvailles fécondes — les belles études de Binet en sont la preuve — mais pourtant il y aurait peut-être quelque danger à émietter ainsi une science sans édifier par ailleurs une synthèse qui ramasse et réunisse la poussière des éléments. La chimie est bien sans doute l'étude analytique des corps simples et composés qui fourmillent dans la nature, mais elle comporte aussi l'énoncé des lois générales : lois de Lavoisier, de Raoult, de Dalton, de Gay-Lussac, etc., qui s'appliquent à toutes les combinaisons chimiques, quels que soient les corps qui y entrent. On voudrait trouver, au-dessus des recherches de psychologie individuelle, des cadres très généraux, des lois embrassant la totalité des évènements psychiques. Cela, Binet ne nous le donne pas et aucune allusion ne permet de supposer qu'il ait rêvé de le faire. On nous objectera peut-être que ces lois générales existent, qu'elles sont antérieures à l'œuvre de Binet et que lui-même s'en sert : ce sont les lois de l'association auxquelles ils se réfère fréquemment. Nous répondrons tout d'abord que Binet ne les cite volontiers que dans ses premiers ouvrages et encore, dit-il en propres termes, « parce qu'il n'y a rien d'autre pour l'instant. » Dans les ouvrages postérieurs, comme l'*Etude expérimentale de l'Intelligence*, il n'en parle plus, et les résultats auxquels il aboutit n'inclinent guère dans le sens de l'associationnisme anglais. N'écrit-il pas (op. cit., p. 58) : « Ce qu'il me paraît bien intéressant de mettre en lumière, c'est que deux jeunes filles, quoique élevées absolument dans le même milieu verbal, ne parlent pas le même langage, parce que le facteur intelligent est intervenu pour déterminer un choix dans le vocabulaire ambiant ; il y a une influence du dedans, l'individualité psychologique, qui a modifié l'influence du dehors. » Cela revient à dire et Binet le répète à plusieurs reprises, que les lois de l'association sont soumises aux contingences individuelles, partant qu'elles ne sont pas valables en tant que lois générales. Une loi générale, en effet, doit expliquer les cas particuliers et non se plier à toutes leurs variations. Binet d'ailleurs n'est pas sans avoir senti la force de l'objection, mais il l'esquive, non point par incapacité ou par faiblesse, mais parce que, en réalité, la question le préoccupe peu. Invinciblement, sa tournure d'esprit le ramène aux recherches de détail où il se complaît et où il excelle. Il se contente d'amasser patiemment les matériaux qu'on pourra utiliser le jour où il s'agira de construire une synthèse — que ce soit lui-même ou un autre.

Une autre critique, d'une portée beaucoup plus grave croyons-nous, que nous aurions à adresser aux théories de Binet, porterait sur sa conception de la conscience. On a vu dans les pages qui précèdent qu'en dépit de certaines incertitudes, Binet considère en somme la conscience comme un épiphénomène ; il le dit même quelque part en termes exprès, Sans doute, c'est dans un de ses ouvrages relativement ancien et ses affirmations sont beaucoup moins tranchantes dans l'*Et. exp. de l'Int.* par exemple, mais nous ne sommes pas sûr que ses convictions intimes aient beaucoup changé à cet égard. Pour lui le phénomène mental se déroule selon un processus qui obéit à des lois propres, qui peut parfois s'éclairer de la conscience, mais qui peut très bien s'achever sans cet élément surajouté. Nous avouons être particulièrement embarrassé par cette conception qui paraît être contradictoire avec une définition précédente, celle qui fait de l'esprit un instrument pour découvrir le réel et agir sur lui. Comment, en effet, concilier ces deux points de vue ? Il est bien difficile d'admettre, d'une part que l'esprit soit un moyen d'action de l'individu sur la réalité et que d'autre part la conscience qu'il prend de cette action ne soit seulement qu'un accident heureux. On ne peut sortir de cette contradiction qu'en supposant un accord interne entre la pensée et le réel, c'est-à-dire par un détour, une harmonie préétablie entre le réel et la pensée. Nous ne pouvons plus nous contenter aujourd'hui de cet aveu déguisé d'impuissance.

Il aurait d'ailleurs suffi à Binet de pousser jusqu'au bout l'une de ses convictions pour sortir de l'impasse où il s'enferme volontairement. Son grand mérite, nous l'avons dit, a été de restituer à la vie psychique cette autonomie que lui refusaient les physiologistes. Dans ces conditions, pourquoi ne pas raisonner ainsi : l'esprit se tourne vers le réel pour lui arracher ses secrets et en tirer le maximum d'avantages. Pour y parvenir, il est nécessaire qu'il fasse une discrimination dans la multitude des faits psychiques qui proviennent soit directement du contact avec les choses, soit d'une élaboration interne :

d'un côté les faits immédiatement utiles qui sont amenés sur le champ de la conscience devant l'attention — ce sont les faits conscients — d'un autre côté ceux qui sont rélégués pour l'instant dans les couches demi-conscientes ou inconscientes de l'esprit. Là un triple sort les attend : ou bien un jour ils deviendront utiles et la conscience ira les chercher dans ses couches obscures — ou bien ils subiront une élaboration qui, en les transformant, en les adaptant à la vie psychique de l'individu, leur permettra de s'insérer sans bruit dans la trame des faits de conscience — ou bien ils seront condamnés à un irrémédiable oubli parce qu'ils n'auront pu trouver leur place dans une vie psychologique orientée dans un sens différent. On nous objectera sans doute que cette discrimination n'apparaît guère dans la réalité ; ce n'est pas sûr. Ainsi c'est un lieu commun de répéter aujourd'hui que chacun ne voit dans un fait que la face qui l'intéresse : un peintre, un géomètre, un voyageur, un paysan éprouveront des idées et des sentiments tout différents devant une même scène. Pourtant ils auront eu sous les yeux le même spectacle, mais chacun aura tiré dans le champ de la conscience ce qui touche à ses occupations coutumières et favorites, réléguant le reste dans les parties inconscientes.

Quand même d'ailleurs ce triage n'apparaîtrait pas à l'analyse, cette lacune ne constituerait pas pourtant une objection sérieuse. Cette discrimination, en effet, s'opère en quelque sorte mécaniquement, par le simple jeu des associations — non plus entendues au sens automatique des Anglais, mais associations d'intérêt, de choix, nous dirions même affinités si nous ne craignions pas d'alourdir et d'obscurcir encore le vocabulaire psychologique déjà si incertain.

La conscience cesse alors d'être un épiphénomène dont on n'aperçoit plus très bien l'origine ni la raison : c'est une partie du phénomène, c'est le phénomène lui-même en tant qu'il est actuellement utile à l'individu. Faute d'avoir poussé à fond ses intuitions fécondes, Binet s'est arrêté à moitié chemin, acceptant une explication boiteuse, dont il n'est pas sûr d'ailleurs qu'il n'ait pas saisi l'insuffisance.

Mais encore une fois, Binet répugne aux explications définitives qu'il hésite toujours à formuler. Son seul désir paraît bien être de réunir quelques pierres solides qu'il juxtapose ensuite rapidement par un ciment provisoire pour voir « ce que cela donne ». Mais il n'éprouve aucune peine à voir démolir un ouvrage si fragile : lui-même le jette quelquefois en bas de ses propres mains. Seulement les pierres solides subsistent et pourront facilement servir à construire un autre édifice.

Avoir rassemblé ces pierres solides, ces matériaux résistants, c'est toute l'œuvre de Binet. On fera sans doute autre chose que lui, mieux que lui, on ira plus loin que lui, mais c'est à la condition de partir du même point et d'emprunter ses résultats et ses méthodes. Ainsi aujourd'hui, quand on veut étudier expérimentalement une intelligence, on ne saurait trouver un meilleur guide que la « Méthode pour la mesure du développement de l'Intelligence chez les jeunes enfants » où se trouvent exposés ses tests de mesure. Cette méthode, exposée avec simplicité dans un court opuscule n'est pas une œuvre hâtive. Elle représente un nombre considérable d'expériences auxquelles a collaboré M. le Docteur Simon ; elle n'a pas pris d'un seul coup la forme achevée qu'elle a aujourd'hui. On trouve, dans l'*Année psychologique*, la genèse des tâtonnements et des progrès réalisés lentement par les deux savants psychologues. Telle qu'elle se présente aujourd'hui, elle forme un monument parfait, tant par les résultats auxquels elle permet d'atteindre que parce qu'elle est le type auquel doit parvenir toute étude de psychologie individuelle. Pour qui n'est pas familier avec l'expérimentation psychologique l'impression que laisse un examen de l'intelligence par les tests Binet-Simon est prodigieuse, surtout lorsqu'on a, comme nous, la bonne fortune de le voir magistralement conduit par M. le Docteur Simon. Au fur et à mesure que l'examen se développe, on voit s'ouvrir peu à peu devant ses yeux l'intelligence de l'enfant dans laquelle on finit par lire presque couramment. A certains moments même, par courtes échappées dont l'observateur perspicace doit profiter, on voit se soulever un coin du voile qui recouvre le caractère. Dans un autre travail (voir les *Diversités mentales chez les écoliers*), nous avons montré tout ce que l'on peut tirer de l'analyse minutieuse des résultats fournis par cet instrument incomparable. Et encore — nous le disons sans aucune fausse modestie — nous sommes persuadés de n'avoir fait qu'effleurer la question. Une analyse plus approfondie et surtout faite sur un grand nombre de sujets serait une source de découvertes fécondes. En utilisant l'échelle de mesure de l'Intelligence, il faudrait pratiquer sur des centaines d'enfants ou même d'adultes ce que Binet a fait sur ses deux filles. L'œuvre serait formidable sans doute, peut-être même ne pourrait-elle être accomplie par un seul, mais nous sommes persuadés que celui-là ou ceux-là ne regretteraient pas leur peine.

On s'étonnera peut-être que Binet, qui fait de fréquentes allusions à la volonté, au pouvoir volontaire exercé par l'individu sur sa vie mentale, ne fasse aucune étude de la volonté. Nous pourrions présenter sa défense en arguant du fait que la volonté est généralement considérée comme une qualité du caractère et que Binet, considérant la difficulté actuelle de l'étude du caractère, l'a volontairement ajournée. Mais nous croyons qu'en fait la raison de son silence est ailleurs : quand on parle de la volonté, on peut l'entendre en deux sens différents. Ou bien il s'agit du pouvoir métaphysique accordé à l'homme par certains philosophes, refusé par d'autres, et dont l'étude ne peut pénétrer à aucun degré dans une étude psychologique ; ou bien il s'agit de l'action volontaire exercée par l'homme sur lui-même et sur les autres action dont il prend aisément conscience par l'introspection la plus simple; il s'agit alors d'un pouvoir psychologique dont l'existence n'est contestée par personne et qui ne préjuge nullement de la solution métaphysique qu'on peut donner à la question. Mais dans ce cas il n'y a plus à se préoccuper de la volonté au singulier mais bien plutôt des volontés ou mieux encore des actes volontaires dont le caractère volontaire vient s'ajouter aux autres et dont l'étude se confond avec celle des autres. Entendue dans ce sens psychologique, la volonté est un acte simple, dont il n'est pas nécessaire de donner une définition car chacun en a une expérience immédiate; elle peut accompagner tel fait de conscience ou en être absente, voilà tout. C'est ainsi, on l'a vu dans un des §§ précédents, qu'il y a lieu de distinguer entre l'imagerie spontanée et l'imagerie volontaire, chacune pourvue de caractères différents. Dans ces conditions, la question ne se pose plus de faire une étude autonome de la volonté qui serait ou bien vide de tout objet réel, ou bien une simple réédition de ce qui a déjà été vu.

Par tout ce qui précède on peut se rendre compte que Binet a été, en psychologie, un véritable révolutionnaire.

Soit qu'il le postule expressément ou que cela résulte de ses travaux, Binet bat en brèche tout ce qui a été fait avant lui en psychologie. Il reprend toute question dès la base, mais avant de s'y engager il assure d'abord solidement son point de départ, la direction qu'il compte prendre et surtout le procédé de défrichement dont il entend user. A opérer ainsi on ne va pas bien loin sans doute, mais au moins les premiers pas qu'on a faits sont définitifs : il n'y aura pas revenir en arrière. C'est pourquoi on ne saurait faire grief à Binet de n'avoir en somme terminé qu'une seule question : l'étude expérimentale de l'Intelligence. Il a échappé en effet au défaut de beaucoup de novateurs qui, après avoir démoli ce qui existe, édifient à la hâte des constructions fatalement très fragiles. Binet n'a pas cédé à cet entraînement : il a consacre₇ son temps et ses efforts à assurer les fondations et à monter seulement une aile de la nouvelle maison. Sur cette assise solide, on peut maintenant travailler.

Pour trouver des sujets de travail, il suffit d'ailleurs de feuilleter les ouvrages de Binet. Fréquemment ses recherches le conduisent à poser des problèmes que, par un délicat scrupule scientifique, il se refuse d'aborder : mais il les pose nettement et il convie ses continuateurs à s'y attacher. Puisse le modeste homage que nous lui rendons ici éveiller la curiosité des chercheurs et susciter au grand psychologue des disciples dignes de lui.

CHAPITRE III

La philosophie d'Alfred Binet

C'est une nécessité presque inéluctable pour celui qui approfondit les phénomènes de l'esprit d'aborder par quelque coté la philosophie générale. En effet, les problèmes que se pose la métaphysique se posent toujours sous une forme psychologique. Sous peine de se contenter de simples descriptions et de s'interdire toute vue d'ensemble, le psychologue est donc conduit par la force même des choses à formuler les conceptions qui lui sont propres au sujet des grandes questions de la philosophie première.

Alfred Binet n'y a pas manqué. Seulement il y a deux façons de procéder : la première consiste à poser d'abord la solution des problèmes métaphysiques pour chercher ensuite des confirmations dans l'étude du réel. Cette méthode qui est un peu celle de M. Henri Bergson est dangereuse : on risque de déformer la réalité car, consciemment ou non on fait effort pour la faire rentrer dans les cadres ainsi préparés. La seconde manière, beaucoup plus prudente consiste à réserver l'étude de la métaphysique pour ne l'aborder qu'après l'étude des faits. C'est seulement quand on a réuni un grand nombre de résultats et d'observations que l'on peut essayer d'en tirer quelques idées générales. On peut alors s'appuyer sur un terrain solide et à tout instant confronter la théorie avec les faits. C'est pour avoir eu ce scrupule qu'A. Binet n'a pu écrire le traité général de psychologie qu'il rêvait. Félicitons-nous qu'il ait été plus hardi au sujet de la philosophie générale et qu'il ait écrit *L'Ame et le Corps*.

Dans l'œuvre de Binet c'est un ouvrage tout à fait à part et c'est pourquoi nous lui consacrons un chapitre spécial. Non point certes que Binet y ait abandonné son esprit de prudence et de méthode : ce serait en contradiction avec les lignes qui précèdent. Mais pour la première fois et nous pourrions presque dire pour la seule fois dans sa carrière intellectuelle, A. Binet formule des conclusions précises. Il ne se contente plus de poser les termes du problème en indiquant le procédé à employer pour trouver la solution : il essaie d'aller jusqu'au bout de sa pensée et de formuler sa propre solution.

Il devait d'ailleurs en être ainsi : le grand mérite de Binet, nous avons essayé de le montrer, a été d'introduire la mesure et l'analyse dans les choses de l'esprit. Cette méthode lui a paru bonne et fertile : il était tout naturel qu'il cherchât à élargir le problème et à montrer que l'esprit est en effet du mesurable et de l'analyse.

Pour le bien comprendre, il faut suivre pas à pas l'exposé lumineux et serré que nous offre *l'Ame et le Corps.* Dans ces 280 pages, rien n'est à négliger tant chaque ligne, chaque mot est substantiel. Et, si nous ne partageons pas toutes les idées de Binet sur la question, nous devons reconnaître que dans cette exposition magistrale, tout se tient, se coordonne et s'explique. Les seuls points sujets à controverse sont justement ceux que Binet ne fait qu'indiquer à titre de suggestion nous montrant sans doute ainsi le fond de sa pensée, mais se défendant de les considérer comme définitifs.

Le début de l'ouvrage nous ferait croire que nous sommes en présence d'un sensualiste à la Condillac . « Au fond, écrit-il, je ne crois pas à la noblesse de beaucoup de nos idées abstraites ; une étude psychologique que j'ai publiée ailleurs (*l'Etude expérimentale de l'Intelligence*) m'a montré que beaucoup de nos abstractions ne sont autre chose que des idées concrètes embryonnaires, et surtout mal définies, dont se contente seul un esprit paresseux et qui par conséquent sont plein de pièges (p. 7) ». Signalons au passage cette référence que donne Binet et qui renvoie à un autre de ses ouvrages. Il ne s'agit pas, comme c'est d'ordinaire l'habitude d'un renvoi à un exposé plus complet d'une question qui n'est qu'effleurée ; il s'agit d'un renvoi à une série d'expériences dont le caractère positif garantit la valeur. Binet peut se permettre de faire appel à elles exactement dans la mesure où un chimiste peut se fonder sur une de ses expériences concluantes sans se croire contraint de la refaire chaque fois qu'il la cite.

Mais revenons au sensualisme apparent de Binet. Il écrit plus loin : « Du monde extérieur nous ne connaissons que nos sensations (p. 10) » et enfin : « Notre science humaine est intimement liée à la structure de nos organes (p. 42) ». Ces déclarations sont très nettes et ne laissent place à aucun doute. Du monde extérieur, en effet, nous ne pouvons connaître que nos sensations, et quand nous manions des idées abstraites nous ne nous apercevons pas le plus souvent que nous n'avons affaire qu'à des résidus d'idées concrètes, donc de sensations que nous avons nous-mêmes rendues abstraites en les appauvrissant de leur richesse individuelle. Comment pourrait-il en être autrament ? A moins d'en revenir aux idées innées dont l'existence est plutôt un article de foi qu'une vérité scientifique, il est impossible même d'imaginer d'où pourraient provenir nos idées. Le relativisme est donc la seule attitude possible en l'entendant sous le sens suivant : nos constructions de l'Univers ne peuvent être que des rapprochements de sensations, ou, comme l'écrit Binet : « Les objets ne sont que des agrégats de sensations (p. 51) ».

Il s'en faut pourtant de beaucoup que Binet accepte la doctrine sensualiste ou la thèse mécaniste ; il en aperçoit le caractère trop simpliste qui laisse de colé toute une partie du réel et il ajoute tout aussitôt : « La mécanique n'est pas la seule chose réelle (p. 43) » et « La sensation est à la fois physique et psychique ». Cette opinion présente en raccourci toute la thèse que soutient Binet dans l'ouvrage entier. Il est nécessaire de s'y arrêter un peu. La sensation en effet n'est pas un phénomène simple : elle implique tout d'abord l'impression faite sur le système nerveux qui est de caractère tout physique et ensuite l'acte par lequel nous prenons conscience de cette impression : et cet acte de conscience est de caractère psychique. Ce caractère mixte échappe évidemment au vulgaire parce que seul l'acte de conscience est conscient et qu'on a l'illusion d'avoir une prise directe sur la réalité ; mais si l'on veut essayer d'élucider la question et par elle beaucoup d'autres qui lui sont liées, il est indispensable de faire le départ entre ce qu'il y a de physique et ce qu'il y a de psychique dans la sensation. Cette analyse que nous avons suivie plus longuement au chapitre II nous empêche d'oublier qu'entre nous et le monde extérieur s'interpose notre système nerveux qui conditionne toute notre connaissance. Parler d'un acte de l'esprit qui serait purement psychique, c'est donc un non sens. Et Binet insiste: « Toute pensée est une reproduction, à quelque degré, d'une sensation (p.78) ».

Mais, et c'est bien en cela que Binet se dégage des mécanistes ou des matérialistes, comme on voudra les appeler, pas plus qu'il ne faut négliger la part qui revient au physique dans une sensation, pas plus il ne faut perdre de vue la part originale qui revient à l'esprit. Ces deux activités sont jointes, intimement liées dans la réalité, elles s'impliquent l'une l'autre et ce n'est qu'artificiellement qu'on peut les séparer : « J'ai quelque regret à écrire que Taine est tombé dans le lieu commun de l'opposition du cerveau et de la pensée ; il a repris cette vieille idée, sans chercher à l'analyser, ne la faisant sienne que par la parure de son style, écrit Binet (p. 79 note) Et si nous abandonnons la sensation pour étudier la perception, nous voyons augmenter la part de l'esprit : « La perception est formée de la sensation, mais aussi d'une foule d'images qui s'y collent (p. 81) ». Les images sans doute sont bien d'origine sensorielle, mais l'esprit leur a fait subir une préparation et une simplification : en d'autres termes il les a assimilées, un même groupe de sensations donnant naissance à des images différentes chez des esprits différents.

L'esprit arrange le réel selon ses besoins et ses commodités propres ; c'est pourquoi il se sert toujours d'images qui sont abstraites en quelque mesure. N'oublions pas qu'abstraction en psychologie ne peut avoir d'autre sens que celui de simplification du réel.

Cette analyse nous conduit à une nouvelle conception de la vérité. Pour beaucoup, la vérité est une adéquation de la pensée avec son objet. Une pareille définition est un non sens car la pensée ne peut être détachée de son objet avec lequel en somme elle se confond. Est-ce à dire que nous devons renoncer à trouver la vérité et que nous devons faire bon accueil à toute sensation ? Non sans doute, car l'expérience nous montre que l'hallucination, l'illusion ont la force et l'apparence de sensations et pourtant nous ne devons pas leur accorder créance. « La vérité, c'est ce qui, étant jugé concevable, étant perçu réellement a de plus cette qualité de trouver sa place, sa relation, sa confirmation dans toute la masse des connaissances antérieurement acquises (p. 86) ». Nos connaissances sont en effet soumises d'abord à l'obligation d'être concevables c'est-à-dire possibles. Tout le possible, bien entendu, n'est pas réel, mais le réel doit être inclus dans le possible. De plus, nos connaissances forment un système complet où tout se coordonne, où tout se tient. Une nouvelle connaissance pour s'y insérer doit s'accorder avec toutes celles qui la précèdent. L'intelligibilité n'est pas autre chose que l'accord des perceptions sur un même objet. Il n'est donc nullement nécessaire de supposer derrière les phénomènes un monde de noumènes à jamais inacessible qui soutient par sa réalité les apparences du monde sensible. De la même manière se simplifie le problème de l'existence du monde extérieur : « Puisque toute sensation est un fragment de matière, perçue par un esprit, l'ensemble des sensations constitue donc bien l'ensemble de la matière ; il n'y a là nulle apparence trompeuse, et par conséquent, aucun besoin de prouver une réalité distincte des apparences (p. 88 note). ».

Le monde mental et le monde physique coïncident donc en bien des points ; pourtant puisqu'ils ne peuvent se ramener l'un à l'autre en quoi consistera l'originalité du premier ? Binet fait appel pour cela aux lois de l'association qui constitue un mode d'organisation entièrement propres aux choses psychiques. Il écrit : « Nous pouvons maintenant considérer le monde des idées comme un monde physi-

que ; mais c'est un monde physique d'une nature
particulière, qui n'est pas accessible à tous comme
l'autre, et qui est soumis à des lois propres : les lois
de l'association (p. 88) ». Ici, nous ne pouvons manquer de remarquer que Binet se contente somme toute à trop bon compte. Il accepte sans preuve, sans
même un essai de démonstration que les lois de l'association des idées sont les lois fondamentales
du monde psychique, tranchant ainsi un peu lé-
gèrement ce grave problème. Une pareille affirmation appellerait au moins des arguments : on ne
nous en donne pas. En psychologie, Binet a
fait preuve d'une prudence plus grande en formu-
lant les réserves qu'appelle l'associationnisme (voir
chapitre précédent). Seulement il a été géné ici par
le fait qu'il avait besoin de lois générales, sinon trans-
cendantes, et qu'il n'en trouvait pas d'autres que les
lois de l'association. S'il avait écrit son traité de
Psychologie avant d'écrire *l'Ame et le Corps*, il est
probable qu'il eut appuyé son argumentation sur
d'autres lois, plus légitimes que celles de l'association, car si psychologiquement elles ne peuvent prétendre exprimer toute la réalité, à fortiori doit-on
refuser de leur faire bon accueil en métaphysique.
Rien ne nous permet, en effet, d'assimiler les lois
de l'association des idées à une loi universelle comme
par exemple la loi de Newton ou celles plus com-
préhensives encore d'Einstein. Si comme le veut
Stuart Mill, l'association est une sorte de chimie mentale qui combine les éléments primitifs de la même
manière que sont combinés l'hydrogène et l'oxygè-

dans l'eau, il resterait à expliquer quel est le principe de fusion, tout autre et tout différent. Le mécanisme de l'association ne contient pas en soi son
propre moteur ; on ne peut rapprocher dans une même explication : « la suite des actes mentaux d'un
homme qui assemble en rêve des idées dites incohé-
rentes, mais rigoureusement soumises à l'association et la suite des actes mentaux du même homme
qui réfléchit et enchaîne ses jugements (Renouvier)».
Pour l'associationisme en outre, il n'y a que du tout
fait qui puisse revivre ; le hasard ou la ressemblance
ou tout autre cause a rivé dans le passé les éléments
les uns aux autres et les idées ne peuvent plus se présenter que couplées. Pourtant tout d'abord les idées
font partie de couples bien différents et selon les cir-
constances, c'est tantôt l'un, tantôt l'autre qui est
évoqué. D'autre part l'expérience nous montre bien
des évocations imprévues, des rapprochements qui
ne vont pas chercher leur source dans le passé, bref
une activité intellectuelle au dessus des lois de l'association.

Cette critique formulée, hâtons-nous de dire
qu'elle ne porte pas grand préjudice à l'ensemble de
la thèse de Binet car elle ne ruine en somme que l'expression qu'il a donnée à la loi générale de l'esprit
et non l'existence de cette loi qui est indiscutable.
C'est-à-dire que philosophiquement l'argumentation
de Binet reste entière et qu'elle deviendrait immédiatement valable si l'on remplaçait les lois de l'association par une loi véritablement synthétique.

Dès qu'on admet l'existence d'une loi propre à

l'esprit, sa thèse acquiert sa force convaincante. Seulement Binet a eu le tort de faire sienne sans la démontrer la conception des philosophes anglais qui certes devait plaire à sa tournure d'esprit, mais qui n'aurait dû avoir sa place dans son œuvre sagace et prudente que sous forme d'hypothèse.

Binet fait preuve de beaucoup plus d'esprit critique dans son attitude à l'égard de la théorie périphérique des émotions de W. James et Lange. C'est seulement aux spéculations du philosophe américain qu'il se réfère et voici ce qu'il en conclut : « La tentative d'intellectualiser tous les phénomènes psychiques est infiniment intéressante, et elle aboutit à une conception assez claire dans laquelle tout s'explique par un mécanisme se reflétant dans un miroir celui de la conscience ; mais on reste perplexe, et on se demande si cette clarté de conception n'est pas un peu artificielle, si l'affectivité, l'émotivité, l'effort, la tendance, la volonté se ramènent bien à des perceptions, ou si ce ne sont pas plutôt des éléments irréductibles qu'il faudrait ajouter à la conscience ; le désir par exemple, ne représente-t-il pas un complément à la conscience ? (p. 96-97). Binet s'est bien rendu compte que sous son apparente simplicité, la théorie périphérique laissait de côté le monde prodigieux des tendances et des désirs qui ne s'intellectualise pas toujours mais qui néanmoins joue un rôle puissant dans la vie mentale.

Jusque là, Binet n'a analysé que l'objet de la connaissance. Il va maintenant aborder un point beaucoup plus délicat : la conscience elle-même, la relation sujet-objet (ch. V p. 98). Tout de suite, il pose une distinction très nette, très précise : « Jusqu'ici dit-il, lorsque nous avons analysé la part de l'esprit, nous avons employé une phrase prudente : nous avons dit que sensation implique conscience, et non pas que sensation implique quelque chose qui a conscience ;la différence parait subtile, mais elle ne l'est pas, elle consiste à supprimer de la conscience la notion du sujet ayant conscience et à le remplacer par l'acte même de la conscience (p, 99) ». Et dans une note, Binet déclare explicitement que cette distinction qu'il qualifie lui-même de subtile va à l'encontre du système de Descartes et du néocriticisme de Renouvier.

Nous croyons qu'il est difficile de suivre Binet aussi loin. Ce qu'il postule, en effet, revient à la thèse de Condillac : la conscience ne suppose pas un sujet qui a conscience ; elle est seulement constituée par l'acte de conscience. La statue est odeur de rose, ou souvenir d'odeur de rose, rien de plus. Nous avouons ne pas très bien comprendre. Les phénomènes qui donnent lieu aux sensations, aux perceptions, aux images, se déroulent dans l'espace et dans le temps. L'esprit les saisit au cours de leur déroulement pour les faire siens. Mais dans cet écoulement et bien que lui-même se modifie à tout instant sous leur influence, il reste lui-même, identique au sein de la multiplicité phénoménale. Cette identité ne peut se comprendre que si l'on admet un sujet en face des objets du réel. Au fond d'ailleurs, nous croyons qu'il y a là une question de mots, comme trop souvent en métaphysique. Si nous avons bien compris Binet et que nous nous permettions de le traduire en langage géométrique, nous croyons que nous pourrions dire : « La conscience est le lieu géométrique des actes de conscience ». Nous, nous disons : la conscience constitue un sujet qui saisit comme tels les actes de conscience. La distinction à laquelle Binet semble tant tenir s'évanouit donc et nous voyons que, dans la crainte de conserver une de ces entités métaphysique dont il avait l'effroi, Binet en est conduit sinon à des erreurs, tout au moins à des simplifications exagérées qui finissent par mutiler la réalité.

Cette crainte de la métaphysique l'amène, au cours du chapitre, à des affirmations tranchantes sur le même sujet, sans d'ailleurs que la démonstration en soit plus concluante. C'est ainsi que nous lisons : « La conception d'une substance spirituelle n'est pas défendable (p. 104) — Tout ce que nous percevons est réel... en d'autres termes, nous percevons toujours des phénomènes (p. 112) » et bien d'autres. Il va même plus loin, et reprenant à son compte l'argumentation des Anglais, il écrit qué la vérité des axiomes est constituée uniquement par « l'association non démentie » des éléments qui le composent. Nous croyons pour notre part que si cette association n'est pas démentie, c'est qu'il n'est pas possible de la démentir. Je puis bien concevoir sans contradiction qu'une association toujours répétée est fausse : par exemple que la loi de Newton est inexacte et que les corps ne s'attirent pas en rai-

son inverse du carré de leur distance et en raison
directe de leurs masses, mais je ne puis concevoir
sans contradiction que deux quantités égales à une
même troisième ne soient pas égales entre elles.
Tout le problème tourne en somme autour de cet
aveu significatif : « La conscience nous fait connaître ce qui est, elle n'y ajoute rien. Ce n'est pas
un pouvoir générateur de relations » (ibid. 114).
C'est surtout la dernière partie qui est grave. Pour
la justifier, Binet argue du fait qu'on ne peut soutenir que les relation de contiguïté et de ressemblance
que nous établissons entre les objets sont de pures
inventions de notre conscience : il faut donc qu'elles
soient « amorcées dans les objets ». C'est-à-dire que
les catégories sont perçues par la conscience qui
les applique ensuite. L'argument est spécieux, mais
pourtant il n'échappe pas à la critique. Comment
en effet la conscience pourrait-elle saisir une relation de ressemblance entre deux objets si elle n'a
pas auparavant en elle l'idée de ressemblance ? De
deux choses l'une, en effet : ou bien les deux objets
sont rigoureusement identiques et alors on ne voit
pas que la conscience puisse les distinguer ; ou ils
diffèrent, si peu que ce soit, et il n'y a aucune raison pour que la conscience saisisse plutôt ce qui rapproche que ce qui sépare. Cette liaison de ressemblance est d'ailleurs si lâche et si fuyante qu'on ne
peut raisonnablement pas concevoir qu'elle ait pu
passer de la réalité à la conscience par l'intermédiaire
des sens. La vérité, croyons-nous, est tout autre : la
réalité est radicalement hétérogène et rien ne res-

semble à rien ; seulement comme l'esprit se perdrait dans cette multiplicité fuyante, il a cherché le moyen d'y mettre de l'ordre. D'où la catégorie de ressemblance qui est simplement un moyen commode de ranger la réalité. La liaison de contiguïté ne résiste pas mieux à l'examen : que le temps soit continu ou discontinu, il n'en est pas moins vrai que, psychologiquement, si nous avons intimement le sentiment d'une durée continue à propos de nous-même ou d'un objet permanent, dès que nous passons d'un objet à l'autre, nous établissons dans le temps une solution de continuité. Si petit que soit l'intervalle de temps qui sépare notre perception de deux objets, il n'en existe pas moins. Ce n'est que par un effort d'abstraction que nous pouvons établir la simultanéité là où nous percevons la succession ; la nature ne nous fournit aucun modèle semblable. Seulement cet effort d'abstraction a un résultat commode : c'est de nous permettre de considérer dans le même plan, ce qui, naturellement, est dans des plans différents. Il y a là un artifice analogue à celui du peintre qui fixe sur sa toile le relief dont il cherche à éveiller l'idée.

Dire donc « la conscience ne crée pas, elle constate » comme le fait Binet (ibid. 115), c'est méconnaître au contraire son activité propre sans laquelle le monde sensible ne serait que chaos.

Selon son expression, Binet fait même « une étape de plus » et il écrit, il est vrai que c'est seulement à titre d'hypothèse : « La conscience ne sert à rien, elle est un luxe inutile, car si toute la vertu efficace se trouve dans les sensations, les idées que nous considérons comme des faits matériels, la conscience qui les révèle n'y ajoute rien, n'en retranche rien, ne les modifie en rien ; et tout se passerait de même, rien de ce monde ne serait changé, si par hasard un jour la lumière de la conscience venait à s'éteindre » (ibid. 121).

Cette « étape » de plus nous paraît une démarche nettement illégitime et d'ailleurs en contradiction avec les résultats auxquels Binet est parvenu en psychologie. Si l'activité propre de la conscience venait à s'éteindre, nous ne pouvons même pas imaginer ce que deviendrait la vie physiologique du cerveau : peut-être continuerait-elle « au ralenti ». Mais à coup sûr la vie mentale s'effondrerait. Comment soutenir que la conscience n'est que spectatrice de l'élaboration intellectuelle qui aboutit à la création de l'aéroplane ou à la production du Cid ? De pareils efforts supposent une réflexion sur le réel complétée par la vision d'un but dont jamais la nature n'a pu fournir le modèle.

Il y a plus, si réellement la conscience n'était qu'un luxe inutile, nous ne comprenons pas qu'elle n'ait pas encore disparu comme disparaissent vite ou lentement les organes et les aptitudes inutiles !

Binet, d'ailleurs, n'a pas été sans pressentir plus ou moins clairement ces critiques et quand il cherche à donner une définition de la psychologie, il en revient à ses idées favorites — beaucoup plus près de la réalité. Une définition de la psychologie, c'est là une nécessité à laquelle n'échappe aucun métaphysicien — surtout quand il est doublé d'un psychologue tel que Binet ! Sa recherche d'une définition satisfaisante est un modèle de probité scientifique : il examine sucessivement, et avec beaucoup de soin toutes les définitions précédemment données et c'est après en avoir fait un critique aiguë qu'il formule la sienne propre. Nous retrouvons bien là Binet : ce n'est qu'après avoir confronté longuement les faits qu'il se hasarde à en fournir une interprétation. Voici ce qu'il écrit : « On peut donc résumer ce qui précède en disant que la psychologie est l'étude d'un certain nombre de lois, de relations, de rapports... L'essentiel de la loi mentale est d'être téléologique ; ou si l'on préfère, l'activité mentale est une activité finaliste, qui se dépense comme volonté, dans la poursuite des fins à venir et comme intelligence dans le choix des moyens jugés capables de servir à ces fins. Un acte d'intelligence se reconnaît à ceci qu'il vise un but et qu'il emploie à ce but un moyen choisi parmi plusieurs autres : finalité et intelligence sont synonymes » (loc. cit., 168). On ne peut pas plus nettement affirmer le caractère original de l'intelligence et par conséquent de la psychologie : l'intelligence n'est pas seulement un instrument de connaissance, c'est en même temps un instrument de choix et d'action. L'activité psychologique cherche à réaliser par des moyens appropriés ce qu'elle a une fois conçu comme désirable. Entendue ainsi, la psychologie doit être régie par des lois qui différeront essentiellement des lois physiques et qui auront « pour but d'assurer la préadaptation et de constituer une finalité » (p. 169).

Mais alors nous ne pouvons pas souscrire à la conclusion par laquelle Binet termine le chapitre : « La psychologie est une science de matière, la science d'un portion de matière qui a la propriété de préadaptation » (p. 181). Comment en effet de la matière — au sens ordinaire qu'on donne à ce mot — pourrait-elle avoir une propriété de préadaptation ? On dirait que Binet craint d'aller jusqu'au bout de sa pensée, lorsque la conséquence logique de ses déductions pourrait l'amener vers l'idéalisme qu'il semble identifier avec ce qu'il y a de plus creux en métaphysique. Reconnaître à l'intelligence humaine une fonction différente des fonctions proprement physiologiques, c'était justement assigner à la raison une place à part et c'est à quoi Binet n'a pas voulu se résigner tant il craint de restaurer les entités métaphysiques. Pourtant il ne s'agit pas ici de ressusciter la théorie de l'âme substance opposée à la matière substance. On établit simplement dans la vie totale de l'homme deux domaines qui chacun sont régis par des lois propres et qui ne peuvent se confondre. Sans doute le domaine psychique a bien un substratum matériel : le système nerveux, mais après les travaux de Binet lui-même on ne peut plus songer à identifier les phénomènes nerveux et les phénomènes psychologiques qui sont radicalement hétérogènes. Ce qui gêne Binet et d'ailleurs cette différence en a embarrassé bien d'autres, c'est que, tandis qu'on imagine facilement — on le croit du moins — ce que c'est que la matière, on éprouve

beaucoup plus de peine à imaginer quelque chose
d'analogue dans le domaine spirituel. Mais outre
qu'une analyse un peu poussée révèlerait sans trop
de peine que le concept de matière est loin d'être un
concept simple — Binet le déclare expressément lui-
même — d'autre part c'est seulement par un souci
illégitime de symétrie qu'on cherche dans le mental
quelque chose d'analogue à ce qu'on a dans le physique. C'est pourquoi nous proposons cette correction à l'affirmation excessive de Binet : La psychologie est la science de l'activité mentale dont la ca-
ractéristique est la finalité.

Il reste alors un gros problème dont la solution
a longtemps préoccupé les philosophes : l'union de
l'âme et du corps. Binet n'a pas esquivé cette grosse
difficulté et il y est conduit d'ailleurs non point simplement par la spéculation, mais par l'expérience :
« La force de notre conscience, la rectitude de notre
jugement, notre humeur, notre caractère, l'état de
santé de notre esprit et aussi ses troubles, ses défaillances, et même son existence, tout est dans un état
de sujétion étroite avec l'état de notre corps, plus
précisément avec l'état de notre système nerveux,
plus précisément encore avec l'état de ces trois livres de substance protéique que chacun de nous a
derrière son front, et que nous appelons notre
cerveau » (op. cit. 183).

Cette remarque faite, Binet passe en revue les
différentes réponses qui ont été faites à cette grosse
question : successivement le spiritualisme, l'idéalisme, le matérialisme, le parallélisme, enfin la théorie
de M. Bergson défilent à nos yeux pour subir les

critiques acérées de Binet. Il aperçoit tout de suite le défaut de la cuirasse et, ce qui est mieux, par les arguments dont il combat chacune de ces doctrines, il prépare l'exposé de la sienne.

Il pose dès l'abord une déclaration de principe qui contraste fort avec ce qu'écrivent d'ordinaire les métaphysiciens : « Avant d'exposer ces vues personnelles, je tiens à m'expliquer sur leur caractère et à dire bien haut que ce sont des hypothèses » (op. cit. 242).

Mais pour qu'une hypothèse soit valable, elle doit satisfaire à toutes les conditions du problème dont elle donne une solution provisoire. Ces conditions sont ici au nombre de deux : 1°) Les manifestations de la conscience sont conditionnées par le cerveau. C'est-à-dire que tout arrêt ou trouble de la vie physiologique du cerveau se traduit par un arrêt ou un trouble de la vie psychologique ;

2°) La conscience ne sent nullement les phénomènes intracérébraux, les ondulations nerveuses dont la mise en branle correspond aux phénomènes psychologiques dont elle est le siège. « Ce n'est pas l'ondulation nerveuse que notre conscience perçoit, mais la cause provocatrice de cette ondulation, l'objet extérieur. » (op. cit. 247.)

Les deux conditions paraissent contradictoires : or c'est un fait qu'elles sont coexistantes. Lever la contradiction, c'est rendre compte de tout ce qui est en question. Or il est une loi psychologique dont l'exactitude pratique est établie et qu'il n'est pas interdit d'ériger en loi transcendante : c'est la loi

du changement ou de la relativité, qui va nous fournir la clef du problème. Elle postule en effet que la
conscience ne peut prendre connaissance que de ce
qui est le sujet d'un changement. Toute excitation
uniforme permamente cesse par cela même d'être perçue. Par là nous pouvons expliquer sans trop de
peine cette liaison si délicate du corporel et du mental, rendre compte de ce problème en apparence in-
soluble d'un ébranlement nerveux se traduisant par
un état de conscience : « L'ondulation est l'œuvre
de deux collaborateurs ; elle exprime à la fois la nature de l'objet qui la provoque et la nature de l'appareil nerveux qui la véhicule... Si la vibration nerveuse ressemble si peu à l'excitant qui lui donne naissance, c'est parce que le facteur système nerveux
vient ajouter son effet au facteur objet externe...
De ces deux activités concurrentes, l'une est variable, puisqu'elle dépend de la nature continuellement
changeante des objets qui entrent en rapport avec
nous ; l'autre, au contraire est une constante : elle
exprime l'apport de notre substance nerveuse » (op.
cit 253). Dans ces conditions, il n'est plus difficile
de comprendre qu'en vertu de la loi de relativité, la
conscience fait subir à l'ondulation nerveuse une
dissociation, abandonnant la partie constante dont
elle n'a plus connaissance et ne retenant plus que la
partie variable qui représente les propriétés de l'objet qui lui est offert. « La conscience reste insensible aux propriétés nerveuses du courant, si souvent
répétées qu'elles s'annulent ; elle perçoit au contraire ses propriétés variables et accidentelles qui

expriment la nature de l'excitant » (op. cit. 255).

L'hypothèse est ingénieuse et paraît inattaquable : nous avouons qu'elle nous a particulièrement séduit. Elle répond en outre à une condition très importante que doit remplir toute hypothèse : rendre compte de tout ce qui est connu. Or, par elle nous trouvons une explication facile de l'incons-. cient : « La conscience résultant d'une analyse de l'onde moléculaire est comme un travail supplémentaire qui peut s'ajouter après coup à l'onde réalisée ; que l'onde se propage d'abord, voilà le fait essentiel ; il sera toujours temps pour qu'on en prenne conscience par la suite. C'est ainsi qu'il nous arrive pendant des moments de distraction, de rester insensibles à certaines excitations même très fortes ; notre système nerveux les enregistre cependant et nous pouvons les retrouver plus tard dans le souvenir » (op. cit., 258).

Cette conclusion est irréprochable et nous y souscrivons d'autant plus volontiers que nous y trouvons la confirmation de ce que nous soutenions tout à l'heure contre Binet lui-même, à savoir que la conscience est autre chose qu'un épiphénomène. Une fonction douée d'une telle capacité analytique ne peut pas être seulement un phénomène surajouté, d'autant plus que sans cette analyse, la vie psychologique s'effondre en somme tout entière.

Sans doute cette ingénieuse hypothèse est suspendue à la transcendance de la loi de relativité. Mais dût-elle être abandonnée que l'hypothèse ne ferait que changer de forme sans varier quant au fond. Elle aurait eu alors le mérite de suggérer de nouvelles recherches sur un point si controversé et « la métaphysique me paraît surtout utile lorsqu'elle établit nettement où est la lacune de nos connaissances et quelles sont les conditions imposées pour remplir la lacune » (op. cit. 263).

Dans cette théorie, comme d'ailleurs dans toute sa métaphysique, ce que cherche Binet, c'est une conciliation entre le matérialisme et l'idéalisme, il le dit d'ailleurs en propres termes. Il n'est pas douteux que ses préférences secrètes ou avouées vont plutôt au matérialisme. Mais pourtant il n'est pas sans en apercevoir toutes les inconséquences et toutes les difficultés et sa probité intellectuelle est telle que les aveux qu'il fait tendent à rien moins qu'à fortifier l'idéalisme, ou plus exactement à établir une théorie qui, tout en retenant du matérialisme tout ce qui peut en être retenu penche fortement vers l'idéalisme. Au fond Binet est un idéaliste qui s'ignore.

Nous ne prétendons pas, bien entendu, aussi bien Binet ne l'a pas prétendu non plus, que ses idées mettent le point final à toute discussion. Seulement la manière dont il les présente renouvelle en quelque sorte la méthode ; c'est par là qu'il se rapproche de M. Bergson dont il fait d'ailleurs un éloge remarquable. Toute métaphysique doit s'appuyer sur la psychologie qui lui fournit sa base et ses éléments de discussion — non point une psychologie transcendante qui serait plutôt une ontologie, mais une psychologie pratique, appliquée, qui tire ses éléments de l'expérience. Enlever à la spéculation pure le droit de discuter sur des êtres de raison, contraindre toute explication à fournir ses titres d'origine, ne sortir du domaine expérimental que pour s'y replonger aussitôt, vivifié par une réflexion féconde sur le réel, tels ont été les services que Binet a rendus à la métaphysique.

CHAPITRE IV

La pédagogie d'A. Binet

C'est presqu'un abus de mots que de parler de
la pédagogie d'Alfred Binet, lui-même se serait bien
défendu d'avoir fait un travail systématique sur une
question qu'il estimait trop neuve. Pourtant il a
été tout naturellement amené à se préoccuper des
questions d'enseignement et il a eu, à leur sujet, un
certain nombre d'idées ingénieuses dont la réunion
forme la meilleure introduction qu'on puisse écrire
pour toute pédagogie : il a en effet pénétré dans les
écoles, dans beaucoup d'écoles, car la population scolaire lui offrait un magnifique champ d'expériences
qu'il n'aurait eu garde de négliger. Il a été ainsi
mis en contact avec le monde universitaire dont il
n'a pas pu ne pas voir les défauts et par conséquent
il a été amené à imaginer les remèdes. D'autre part
et avec la collaboration de M. le Docteur Simon, il
s'est beaucoup occupé des anormaux : on peut dire
que toutes les réformes intelligentes qui ont été faites dans l'éducation des anormaux sont leur œuvre
à tous deux. Mais, des anormaux aux normaux, la

transition est insensible : il n'y a pas de frontière accusée ; quand on s'occupe des uns, on rencontre fatalement les autres.

Toutes les idées que Binet a eues sur l'enseignement on les retrouve dans la *Fatigue intellectuelle, dans les Idées modernes sur les enfants* et dans les *Enfants anormaux* qu'il a publiés avec M. le Docteur Simon. C'est là que nous irons puiser notre documentation. Puisque nous parlons de ses collaborateurs en la matière, nous manquerions au plus élémentaire devoir de justice en ne citant pas ici M. Vaney, directeur de l'Ecole de la rue Grange-aux-Belles où Binet devait installer un laboratoire de psycho-pédagogie ; la collaboration intelligente et avisée de M. Vaney a rendu les plus grands services au grand psychologue.

Bien entendu, Binet ne sépare pas la pédagogie de la psychologie dont elle est en quelque sorte l'application. C'est pourquoi il ne faut pas nous étonner de retrouver ici ses idées favorites sur la psychologie individuelle. Seulement, alors que dans le chapitre précédent nous ne les avions acceptées qu'avec certaines réserves, ici nous les accueillons sans restriction. C'est qu'en effet la question est ici toute différente : le psychologue peut bien avoir par moments intérêt à considérer l'homme en général, abstraction faite des différences individuelles qui séparent les hommes ; le pédagogue ferait de la mauvaise besogne en procédant ainsi. Ce ne sont pas des idées qu'il manie, ce sont des âmes vivantes, délicates, dont le moindre froissement peut compromettre l'éveil ou l'essor. « Dans la centaine de livres d'éducation qui se publie annuellement, on ne trouve souvent pas une seule page, où l'auteur se soit inquiété des aptitudes différentes des enfants. L'enfant, pour ces pédagogues peu avertis, est une quantité négligeable. On semble admettre *a priori* que l'enfant n'est pas autre chose qu'un homme en miniature, *homunculus*, avec des atténuations en degré de toutes les facultés de l'adulte ; on admet encore qu'il existe un enfant type et auquel tous ressemblent plus ou moins ; et on méconnaît ainsi toutes les différences qui existent non seulement entre leurs caractères, leurs manières de sentir, mais aussi entre leurs manières de penser et leurs aptitudes intellectuelles... Beaucoup de maîtres... fixent leur attention sur la valeur de l'enseignement en lui-même, considéré *in abstracto*, dans l'absolu, et non sur les qualités de réceptivité des enfants, sur leurs caractères et leurs aptitudes, et sur la nécessité de s'adapter à leurs besoins et à leurs capacités » (Les Idées modernes sur les Enfants, pp. 7 et 8) et plus loin : « La pédagogie doit avoir comme préliminaire une étude de psychologie individuelle » (op. cit. 11).

Nulle part donc mieux qu'en pédagogie Binet ne pouvait trouver une adaptation meilleure de ses idées. Il ne s'agissait plus que de les mettre au point et c'est à quoi il s'est longuement attaché, largement aidé d'ailleurs par M. le Docteur Simon et par M. Vaney.

La considération qui l'a engagé à se livrer à des recherches pédagogiques, c'est la faillite de l'ancienne pédagogie : « L'ancienne pédagogie, malgré

de bonnes parties de détail, doit être complètement
supprimée, car elle est affectée d'un vice radical :
elle a été faite de chic, elle est le résultat d'idées pré-
conçues, elle procède par affirmations gratuites, elle
confond les démonstrations rigoureuses avec des ci-
tations littéraires, elle tranche les plus graves problèmes en invoquant la pensée d'autorités comme
Quintilien et Bossuet, elle remplace les faits par des
exhortations et des sermons ; le terme qui la carac-
térise le mieux est celui de verbiage. La pédagogie
nouvelle doit être fondée sur l'observation et sur
l'expérience, elle doit être, avant tout, expérimentale. Nous n'entendons pas ici par expérience ce
vague impressionnisme des personnes qui ont beaucoup vu ; une étude expérimentale, dans l'acception
scientifique du mot, est celle qui contient des documents recueillis méthodiquement et rapportés avec
assez de détails et de précision pour qu'on puisse,
avec ces documents, recommencer le travail de l'auteur, le vérifier ou en tirer des conclusions qu'il n'a
pas remarquées » (La Fatigue intellectuelle, 1 et 2).
Ces lignes ont été écrites en 1898 ; elles sont encore
d'actualité aujourd'hui et beaucoup de réformes et
de réformateurs auraient gagné à s'en être inspirés !

Après avoir noté, après tant d'autres, qu'aucune
méthode pédagogique ne peut réussir si le maître
n'a pas pris au préalable la précaution de bien connaître les sujets qui lui sont confiés, Binet est le premier qui lui donne une méthode pratique pour entrer un peu plus avant dans la connaissance de ses
élèves et il serait à souhaiter qu'elle se généralisât.

On nous objectera peut-être que, assez souvent, l'instituteur consacre sa première journée de rentrée à un petit examen dont le but est justement de lui faire connaître ses élèves. Disons tout de suite que d'une part cet examen a les défauts de tous les examens — nous les verrons tout à l'heure — et que, d'autre part, il ne renseigne que sur une bien faible partie de l'enfant : son acquis intellectuel. Mais sa force physique ? Mais son intelligence ? Mais sa mémoire ? Mais son attention ? Autant de points d'interrogation auxquels Binet souhaiterait qu'on répondît sinon d'une manière parfaite — la perfection n'est pas de ce monde — mais tout au moins de manière à ne pas laisser commettre de trop grossières erreurs. Pour satisfaire à ce questionnaire, car Binet, à l'inverse de tant de doctes pédagogues, ne se borne pas à poser des questions et à tracer aux maîtres un plan de travail inexécutable, il propose d'explorer rapidement la force physique, les organes des sens, l'intelligence et l'instruction. De ces mesures se dégage une impression d'ensemble dont on peut tirer de précieuses indications.

§ 1. *Etude physique*

Au lieu de se borner au couplet traditionnel de tous les manuels de pédagogie sur les rapports du physique et du mental et d'aboutir triomphalement à récrire une fois de plus : « *Mens sana in corpore sano* », Binet se livre à une enquête minutieuse à la suite de laquelle il conclut très courageusement qu'en l'état actuel des choses, la question des rapports du physique et du mental est pleine d'incertitudes et d'obscurités. Il y a là non seulement un problème psychologique et un problème pédagogique, mais aussi un problème social très délicat. Pourtant Binet croit à l'utilité et même à la nécessité d'un examen anthropométrique d'où l'on peut tirer non pas des conclusions définitives, mais des indications générales qu'on ne saurait négliger, car, si des mesures isolées ne prouvent pas grand'chose — ainsi du fait qu'un enfant est d'une taille inférieure à la moyenne, on ne peut rien conclure — leur réunion est souvent beaucoup plus suggestive. Mais, pour que ces mesures produisent leur plein effet, il est nécessaire qu'on ait à sa disposition un barême : c'est pourquoi Binet résume dans un tableau (Idées modernes sur les enfants page 76), les moyennes obtenues à la suite des nombreux examens pratiqués par lui et ses collaborateurs. Il ramène à cinq les mesures utiles à connaître : taille, poids, largeur d'épaules, résultats de l'épreuve au spiromètre et au dynamomètre, et pour chacune il donne minutieusement la technique opératoire.

§ 2. *Organe des sens.*

Binet n'a pu manquer d'être frappé, comme d'ailleurs tous ceux qui ont un peu pratiqué les enfants, du nombre relativement élevé de ceux qui ont une faiblesse de la vue ou de l'ouïe et qui ne s'en plaignent pas, frappant ainsi de stérilité les efforts de leur maître et les leurs. Binet n'a aucune peine à montrer les fâcheuses conséquences pédagogiques d'un tel état de choses et il souhaite que l'on fasse dans chaque classe, dès le début de l'année, un examen pratique de la vision et de l'audition qui pourrait facilement être conduit par le maître. Il examine les différentes méthodes, indique les avantages et les inconvénients de chacune et conclut en présentant une technique tellement simple qu'on s'irrite de la voir encore si peu répandue :

Pour la vision, l'utilisation de l'échelle optométrique qu'il a construite à la suite de minutieuses recherches ;

Pour l'audition, « une dictée faite en classe au moyen de mots détachés et de chiffres, avec une voix d'intensité moyenne et bien surveillée, pourrait apprendre au maître quels sont parmi ses élèves ceux qui ont l'oreille dure. » (Idées modernes sur les enfants, 97.)

Ainsi partout nous retrouvons le même procédé et la même probité intellectuelle : examen loyal et minutieux de la question, conclusions et enfin conseils qui n'ont pas la prétention de renfermer toute la vérité mais qui ont le mérite de la clarté, de la précision et de la simplicité.

Connaissant le corps de l'enfant, il s'agit maintenant de connaître son intelligence. Pour tous, la question est d'importance, mais elle devient capital dès qu'on a affaire à un élève qui présente des retards manifestes sur ses camarades. Plusieurs causes peuvent être invoquées : l'état physique sur le-

quel nous serons renseignés par l'examen précédent
— l'irrégularité dans la fréquentation et il est facile
de la déceler — la paresse — l'absence d'intelligence. Ayant écarté sans difficulté les deux premières, il s'agit de décider entre les deux autres. C'est
alors que s'impose un examen psychologique de l'intelligence par l'emploi des tests Binet-Simon. Nous
en avons parlé au chapitre précédent et nous nous
bornons ici à renvoyer à la brochure éditée par la
Société A. Binet où la méthode est exposée avec
clarté et simplicité. A la fin d'un examen de l'intelligence, et nous en parlons pour en avoir pratiqué
nous-mêmes un certain nombre, on est en posses-
sion de renseignements précis sur l'enfant qu'on
vient d'examiner. Le principal mérite pédagogique
des tests, c'est qu'ils résultent de longs tâtonnements
— nous en avons parlé au chapitre précédent —
qu'ils présentent ainsi des vérités de moyenne et surtout qu'ils constituent un critérium indépendant de
celui qui s'en sert et qui n'est pas tenté, consciemment ou non, de faire varier ses questions en pas-
sant d'un sujet à l'autre.

Grâce à leur emploi, on est rapidement renseigné sur les principales fonctions intellectuelles de
l'enfant :

L'*attention* qui est nécessaire partout et surtout
dans les répétitions de chiffres ou de phrases ;

La *finesse sensorielle* qui est en jeu dans plusieurs épreuves (ordination des poids, reproduction
de dessins, etc) ;

La *compréhension* (comparer deux figures, deux

objets de souvenirs, répondre à des questions simples ou difficiles) ;

L'*invention* (définition d'objets, faire une phrase en 3 mots, etc) ;

La *censure* nécessaire elle aussi dans toutes les épreuves mais surtout dans la critique des phrases absurdes ;

La *mémoire* (répéter des chiffres et des phrases).

Cette mesure une fois faite, il faut' s'entendre sur la portée qu'on entend lui donner : « Comme pour le développement corporel, le mot mesure n'est pas pris ici au sens mathématique : il n'indique pas le nombre de fois qu'une quantité est contenue dans une autre. L'idée de mesure se ramène pour nous à celle de classement hiérarchique ; de deux enfants est le plus intelligent celui qui réussit le mieux un certain ordre d'épreuves. En outre, par la considération des moyennes enregistrées chez des enfants d'âge différent, la mesure s'établit en fonction du dévloppement mental et... nous la mesurons par le retard ou l'avance de tant d'années que tel enfant présente sur ses camarades » (Les Idées modernes, pp. 135 et 136).

C'est-à-dire qu'ici comme ailleurs les résultats ne prennent leur pleine valeur qu'à la condition d'être collationnés et interprétés par un observateur expérimenté. La méthode, pour simple qu'elle soit, ne peut être mise entre les mains du premier venu. Pas plus en pédagogie qu'en psychologie il ne faut espérer trouver une machine ou une méthode qui enregistre automatiquement ce que l'on veut mesurer.

Reste maintenant à connaître le degré d'instruction de l'enfant. On ne faisait que cela et on ne fait même encore que cela et on le fait mal. Si nous relevons les inconvénients de l'examen tel qu'il se pratique aujourd'hui, ce n'est pas pour le supprimer, mais pour l'améliorer. Quels sont en effet les inconvénients des examens ordinaires ? Laissons de côté les vices inhérant au fait que la matière de l'enseignement étant encyclopédique, l'examen est un défilé étourdissant d'histoire, de chimie, de langues vivantes, etc., au milieu duquel un esprit plus solide que celui de l'enfant perdrait pied. Retenons simplement ici l'inégalité choquante qui résulte de ce que chaque examinateur est loin de procéder de la même manière que tel ou tel de ses collègues : celui-ci pousse des « colles » au candidat, celui-ci fait la leçon et n'écoute pas, celui-ci est indulgent à l'excès, cet autre féroce à plaisir. Mieux, à deux heures d'intervalle le même examinateur, fatigué et énervé peut être passé de l'indulgence à la sévérité ou réciproquement. De telle façon, le sort de l'examen ne dépend pas tant du savoir du candidat que de l'examinateur auquel il a été confié ou même de l'heure où il subit son examen !

Pour éliminer cette cause d'erreurs parfois très graves, Binet, avec la collaboration de M. Vaney, a mis sur pied une échelle de mesure de l'instruction qui repose sur les deux principes suivants : « 1° l'examen n'est pas livré au hasard, au caprice de l'inspiration, aux surprises des associations d'idées, il se compose d'un système de question dont la teneur est invariable, et dont la difficulté est dosée ; 2° le degré d'instruction d'un enfant n'est point jugé, *in abstracto*, comme bon, médiocre, mauvais, suivant une échelle subjective de valeur ; il est comparé au degré d'instruction de la moyenne d'enfants de même âge et de même condition sociale qui fréquentent les mêmes écoles » (Les idées modernes p. 25).

L'examen ainsi compris ne porte que sur trois matières : calcul, lecture et orthographe. Les épreuves sont sériées par âge, avec indication des résultats moyens qu'on doit obtenir. En très peu de temps on est donc renseigné.

Cet examen a été construit pour l'enseignement primaire élémentaire seulement, mais il ne serait pas difficile de s'en inspirer pour en imaginer de semblables pour l'enseignement secondaire et peut-être même pour l'enseignement supérieur.

Le maître qui prendrait la précaution de prendre ces différentes mesures dès le début de l'année scolaire,— et l'exposition de leur technique est plus longue que leur pratique — s'éviterait bien des déboires. Mais il ne devrait pas les considérer comme immuables et définitives :au contraire, les exercices scolaires lui seront d'excellentes occasions pour les rectifier, les compléter et y joindre des aperçus nouveaux.

En confrontant sans cesse les résultats ainsi obtenus, le maître finira par découvrir les aptitudes particulières à chacun de ses élèves. Tout a été dit sur cette question des aptitudes, mais rien n'a été fait. Binet du moins propose que l'on fasse non point l'école sur mesure qui est une chimère et peut-être une erreur, mais au moins qu'on tienne le plus grand compte des aptitudes individuelles dans la correction des exercices scolaires et surtout dans l'orientation professionnelle, dont il n'a parlé qu'incidement, mais dont il a entrevu toute la complexité et toute l'importance sociale. Seulement ici, disons le nettement, nous ne pouvons pas le suivre dans ses conclusions. Aussi bien d'ailleurs Binet ne les soutient-il pas très fermement et les entoure-t-il de précautions oratoires qui ne sont pas tout à fait « sa manière ». Il distingue trois groupes chacun formés de deux types opposés. Mais « il doit être entendu d'abord que ce sont là des types extrêmes, et par conséquent exceptionnels ; que ces différents types ne sont pas en opposition les uns avec les autres, mais plutôt en indépendance ; car il n'est pas rare de rencontrer des êtres complets » (Les idées modernes p. 252). Ces trois groupes sont :

    1° le conscient et l'inconscient.
    2° l'objectif et le subjectif
    3° le praticien et le littéraire.

Nous avons présenté ailleurs une critique de cette classification (voir les *Diversités mentales chez les écoliers*). Résumons-là rapidement. Le premier groupe, et d'ailleurs Binet le reconnaît lui-même, ne vise pas tant à proprement parler des types intellectuels que des méthodes de travail. Au point de vue de la psychologie pure, une telle recherche peut fournir des indications intéressantes concernant la genèse des idées et des inventions, mais au point de vue pédagogique il n'y a pas grand chose à en tirer, chaque enfant allant spontanément au procédé de travail qui est pour lui le plus facile. Tout au plus pourait-on formuler ce conseil qu'il peut être quelquefois avantageux de dicter à l'avance le thème des rédactions pour permettre aux types inconscients de laisser mûrir leurs idées.

L'objectif et le subjectif ont plus de réalité scolaire. « Nous nous trouvons par notre nature même, en quelque sorte à califourchon entre deux mondes ; le monde extérieur, composé d'objets matériels et d'événements physiques, et le monde intérieur, composé de pensées et de sentiments. Suivant les moments et les besoins, nous faisons d'une manière plus exclusive de l'introspection ou de l'extrospection... Mais... certains d'entre nous sont plutôt portés vers le monde extérieur, d'autres vers le monde interne. C'est ce qui constitue dans les sciences par exemple, les deux grandes familles d'observateurs et de théoriciens » (Les idées modernes p. 265). Il est donc très important pédagogiquement de savoir faire le départ entre les élèves observateurs et les élèves théoriciens, soit qu'il s'agisse d'utiliser leur aptitude spéciale pour leur faire comprendre l'enseignement, soit qu'il s'agisse de développer autant que possible chez eux l'aptitude qui leur manque, soit qu'il s'agisse de les orienter profesionnellement. Mais, si on n'a que ce critérium pour établir les types d'intelligence auxquels on peut avoir affaire dans une classe, on est conduit à une classification trop vaste et trop lâche et dont chaque subdivision embrasse des intelligences en-

core très différentes. Binet écrit (op. cit., 265);:
« Mais il doit être bien entendu que [ces deux
types] ne sont pas les seuls qui existent et qu'ils ne
peuvent pas servir de base à une classification générale ». Si nous souscrivons bien volontiers à la première partie de cette remarque, nous n'acceptons
pas la seconde car il nous semble au contraire que la
distinction entre objectifs et subjectifs pourrait bien
être le point de départ d'une classification plus vaste
et qui serrerait la réalité de plus près. Tels qu'ils
sont, c'est-à-dire une ébauche incomplète d'une
classification achevée, l'instituteur a encore intérêt
à chercher parmi ses élèves les esprits objectifs et
les esprits subjectifs. Mais il aurait tort de s'arrêter là car chacun de ces groupes présente lui-même
bien des variétés qu'il serait dangereux de négliger.

Quant au 3° groupe, praticien, verbal ou littéraire nous lui dénions jusqu'à l'existence. Emporté
par son désir de voir disparaître l'enseignement verbal mécanique dont il a vu les désastreux résultats,
par le désir de voir faire beaucoup plus grande la
part revenant aux exercices physiques et manuels,
agacé aussi peut-être par la sottise des petits perro-
quets dont trop de classes s'enorgueillissent bien à
tort, charmé par contraste de l'habileté manuelle
déployée par quelques-uns de leurs camarades moins
bien doués par ailleurs, il nous semble que Binet a
forcé un peu les choses. Notre expérience certes ne
vaut pas la sienne, ni par l'étendue ni par la sagaci-
té, mais il est tout de même surprenant que nous
n'ayons jamais rencontré chez les sujets que nous

avons examinés cette opposition entre verbaux et praticiens. Les enfants chez qui nous avons constaté des déficiences intellectuelles étaient simplement moyens dans les épreuves sensorielles et dans les exercices physiques. C'est justement cette capacité moyenne contrastant avec la faiblesse du reste qui a pu faire illusion à Binet comme à bien d'autres. En fait, ce que nous avons constaté, c'est que l'habileté manuelle et l'intelligence suivent des directions capricieuses sans rapport étroit l'une avec l'autre. Il y a plus : d'une manière assez générale nous avons acquis la conviction que si les sujets intelligents qui d'ordinaire méprisent les travaux manuels et physiques,— bien à tort d'ailleurs — voulaient se donner la peine d'y apporter leur attention, ils réussiraient au moins aussi bien que les débiles intellectuels dont toute l'activité est concentrée sur ces occupations.

Si donc il existe des praticiens, ce qui est d'ailleurs très vraisemblable, c'est-à-dire des sujets particulièrement aptes aux travaux manuels, cette aptitude peut très bien coexister soit avec une intelligence moyenne ou forte, soit avec une intelligence faible. Ce n'est pas à dire qu'il faille négliger chez eux cette aptitude ; mais nous croyons qu'il serait dangereux d'en faire un critérium pour distinguer les types d'enfants.

Le type verbal n'a pas plus de réalité. Binet cède ici un peu trop facilement à la tendance qui a poussé tant de bons esprits à faire le procès des qualités littéraires extérieures et à faire trop complaisam-

ment le parallèle entre le Grec ou le Français, bavard et l'Anglo-Saxon, actif. Il serait puéril et d'ailleurs tout à fait hors de notre sujet de défendre notre caractère national si nous n'avions pas la conviction sincère qu'il y a là une véritable méprise scientifique. La facilité de parole, la faconde, le besoin de
parler peuvent s'allier aussi bien avec l'imbécillité
ou la vésanie qu'avec une haute et sérieuse intelligence. Avoir un langage brillant et facile ne suppose pas nécessairement qu'on soit superficiel, et parler peu et brièvement n'entraine pas toujours une
intelligence profonde et concentrée.

Binet nous parait être dans une meilleure voie
quand il écrit : « Les descriptions par écrit... permettent de distinguer ceux qui dérivent minutieusement leurs sensations, les descripteurs secs, puis
ceux qui font la synthèse, qui cherchent l'interprétation de ce qu'ils perçoivent, puis ceux qui mêlent
à leur description une nuance d'émotion, ceux enfin qui quittent l'objet pour évoquer des souvenirs
ou développer des idées générales » (La Suggestibilité p. 255).

Il est regrettable que Binet n'ait pas poursuivi
cette recherche. Quoiqu'il en soit, la question des
types intellectuels chez les enfants, dont Binet a
montré excellemment la nécessité, est donc à reprendre en son entier. Pour notre part, nous avons
essayé d'en donner une première solution dans les
« *Diversités mentales chez les écoliers* » en nous inspirant d'ailleurs des travaux et des méthodes de Binet.

Voici maintenant l'enfant connu de son maître qui l'a ainsi analysé dans toutes les formes de son activité. Il s'agit alors de le faire travailler et de développer harmonieusement toutes ses facultés. Le croirait-on ? C'est par ses rapports avec l'enseignement des anormaux qu'il avait contribué à créer, que Binet a entrevu les méthodes susceptibles des meilleurs rendements. Les anormaux, en effet, isolés de leurs camarades et confiés à des maîtres expérimentés ont fait des progrès auxquels ils n'eussent jamais pu prétendre s'ils étaient restés dans leurs classes d'origine. Pourquoi les méthodes qui ont si bien réussi avec eux ne réussiraient-elles pas, *mutatis mutandis*, avec les normaux ? Les maîtres des anormaux n'avaient pourtant aucun secret, aucune recette : « Le premier souci des maîtres a été de mettre l'enseignement à la portée de leurs élèves. Ils ont parlé de manière à être toujours compris. Si beaucoup de ces retardés n'avaient pas profité des leçons de leurs anciennes classes, c'est un peu par inattention, c'est surtout parce que les leçons passaient par dessus leur tête ; elles étaient trop compliquées pour eux, trop abstraites ; elles impliquaient trop de notions préalables qu'ils ne connaissaient pas (op. cit. p. 149) et aussi : « On demandait à chaque élève un petit effort, mais on proportionnait l'effort à sa capacité et on exigeait qu'il fût fait réellement. On leur apprenait peu de chose, mais ce peu toujours très élémentaire, était bien appris, bien compris, bien assimilé. Ne demander à chaque enfant que ce qu'il est réellement capable de faire, quoi de plus juste, quoi de plus simple ? » (Ibid. page 150)

De là alors pour les anormaux les exercices
d'orthopédie mentale — le mot a fait fortune — dont
il faut lire toute la technique (Ibid. pages 150 et sq.) ;
de là pour les normaux la nécessité des méthodes ac-
tives. « Surtout il faut que l'élève soit actif. Un enseignement est mauvais s'il laisse l'élève immobile
et inerte ; il faut que l'enseignement soit une chaîne
de réflexes intelligents, partant du maître, allant à
l'élève et revenant au maître ; il faut que l'enseignement soit un excitant déterminant l'élève à agir, et
créant en lui une activité raisonnable... Philosophiquement, toute vie intellectuelle consiste dans des
actes d'adaptation ; et l'instruction consiste à faire
faire à un enfant des actes d'adaptation d'abord faciles, puis de plus en plus compliqués et parfaits »
(ibid. 156 et 157). De là aussi, Binet ne le formule
pas explicitement, mais il ne l'aurait certes pas dé-
savoué, l'importance toute relative des programmes.
Vouloir enfermer l'enseignement dans des limites
étroites, minutieusement régler les méthodes et les
détails, c'est proprement enfermer du vent. L'enseignement ne dépend pas de ce qu'on enseigne mais de
celui qui enseigne. Donnez moi un bon maître et je
vous ferai de bons élèves, sans qu'il soit nécessaire
d'entraver ses efforts dans des lisières qui risquent de
briser l'initiative des ingénieux tout en fournissant
une excuse commode aux paresseux.

La question de la fatigue intellectuelle est également de premier ordre pour le pédagogue s'il veut
que ses efforts et ceux de ses élèves soint fructueux.

A ce sujet aussi, on a prononcé et on a écrit beaucoup d'affirmations qu'on n'a pas suffisamment pris la peine de démontrer. Dans la *Fatigue intellectuelle*, Binet expose l'état de la question telle qu'elle se présentait à l'époque (1898) et formule quelques indications pour une étude plus complète. Il est regrettable qu'il ne l'ait pas reprise lui-même car on n'a guère fait de progrès depuis.

L'occasion qui a donné naissance à ce travail a été une enquête faite par l'Académie de Médecine sur le surmenage des écoliers qui revient périodiquement à l'ordre du jour sans que jamais on fasse une étude objective du problème. Binet montre avec ironie les défauts de la méthode employée par l'Académie, défauts dont le double résultat est d'aboutir d'abord à des résultats extrêmement vagues et ensuite à des conseils dont la légitimité n'est nullement démontrée. « Nous sommes donc conduits tout naturellement, écrit Binet (p.21 et sq.), en finissant cette étude, à regretter que l'Académie de Médecine se soit bornée à un échange d'opinions sur le surmenage, et qu'elle n'ait pas eu l'idée bien simple de résoudre la question qu'elle agitait en faisant appel à la seule méthode qui pouvait donner une solution : la méthode expérimentale. Pour savoir quel degré de fatigue et de surmenage était provoqué chez les enfants et les adultes par des programmes d'enseignement et d'examen dans les écoles, il fallait nommer une commission chargée de mesurer cette fatigue et ce surmenage. Aucune théorie, aucun raisonnement ne valent des faits bien observés. »

Ayant ainsi montré ce qu'il ne fallait pas faire, Binet passe ensuite à l'exposition de ce qu'il aurait fallu faire. Tout d'abord il faut bien s'entendre sur ce qu'est le travail intellectuel. Il s'en faut de beaucoup qu'on en puisse donner une définition simple. Le travail intellectuel peut être court ou prolongé, intense ou modéré, (page 25 et sq.) soit quatre variétés dont les effets physiologiques et psychologiques ne sont assurément pas les mêmes. Ceci posé, il faut étudier séparément ces effets physiologiques et psychologiques pour être en état de conclure ensuite sur les résultats obtenus par leur combinaison : « Les effets produits par le travail intellectuel peuvent être divisés en deux groupes : d'une part, il se produit des modifications dans les fonctions physiologiques de l'organisme, la respiration, la température, l'alimentation, les sécrétions : ce sont les effets physiologiques ; d'autre part, le travail intellectuel produit une fatigue de l'attention plus ou moins forte et influe sur différentes fonctions intellectuelles et morales : ce sont les effets physiologiques » (p.31).

Dans ces conditions le plan du travail sera simple : on étudiera d'abord les effets physiologiques, ensuite les effets psychologiques.

Effets physiologiques du travail intellectuel.

Binet passe successivement en revue[e]:

1) l'influence sur le cœur ;
2) l'influence sur la circulation capillaire ;
3) l'influence sur la pression du sang ;
4) l'influence sur la respiration ;

5) l'influence sur la température du corps et la production de la chaleur.

6) l'influence sur la force musculaire ;

7) l'influence sur les échanges nutritifs.

D'une manière générale, ses conclusions sont beaucoup plus prudentes que les affirmations tranchantes dont il fait le procès dans le chapître I. Malgré la précision des expériences qu'il décrit, il reconnait loyalement qu'il ne peut rien affirmer de définitif. La cause en est peut-être dans le trop petit nombre de sujets qu'il a étudiés. En tout cas, il est beaucoup plus scientifique de réserver son opinion quand on ne peut l'étayer de preuves péremptoires, que de conclure à la légère comme le faisaient ses devanciers. Il reste que Binet a tracé le plan d'une étude physiologique du travail intellectuel dont il faudrait souhaiter la mise en pratique soit dans les laboratoires, soit surtout dans nos écoles.

Cette partie du travail est d'ailleurs loin d'être purement négative quant aux résultats : on recueille au contraire en cours de route des suggestions fort intéressantes. C'est ainsi que, en étudiant la circulation capillaire, Binet retrouve après Mosso, le retard des modifications physiologiques sur l'apparition de l'émotion : « Ce n'est que deux secondes après qu'on a ressenti le choc de surprise que le pouls de l'avant-bras se modifie ; et par conséquent, on ne saurait considérer avec Lange et James l'état de surprise comme ayant pour base la perception d'une modification vaso-motrice » (p. 82). Sans doute cette remarque est-elle tout-à-fait en dehors du sujet, mais un esprit curieux ne manque jamais de noter sans d'ailleurs y insister, tout ce qu'il rencontre d'utile dans ses recherches.

Plus loin, l'étude de la respiration le conduit à écrire : « On voit donc qu'il faut, chez les jeunes élèves, lorsqu'il y a 5 mètres cubes d'air par élève, renouveler par la ventilation pendant une heure 19 mètres cubes 6 pour chaque élève. Il est certain que si on prenait comme base des calculs précédents la composition des gaz expirés pendant un travail intellectuel ou physique, les résultats seraient différents. Or, lorsqu'on construit des écoles, on se fonde sur les calculs pareils aux précédents et ils sont comme on le voit, insuffisants et ne répondent guère aux exigences » (p. 165) Binet s'adresse aux architectes, pour nous ce sont les maîtres et les parents que nous voudrions voir s'inspirer de ces chiffres et y puiser des règles plus saines pour l'aération des salles de travail des enfants... et des adultes.

Enfin, au sujet de la nutrition, Binet a fait une enquête, bien simple d'ailleurs, qu'il nous expose avec soin, nous voulons parler des recherches sur la consommation du pain. Il en ressort d'une manière très nette que l'appétit des élèves diminue progressivement d'octobre à juillet. Seulement Binet se garde bien de se répandre en lamentations sur une pareille constatation, beaucoup trop partielle pour justifier les épithètes de « victimes scolaires », de « forts en thèmes tuberculeux », de « condamnés aux travaux forcés » dont les enquêteurs de l'Académie de Médecine émaillaient avec trop de complai-

sance leurs rapports. Il y a un fait : l'appétit diminue au cours d'une année d'étude ; mais si, par ailleurs, la santé n'en souffre pas autrement et si les
vacances ramènent l'équilibre normal, il n'y a rien
à changer à l'état de choses actuel car il serait un
peu puéril et d'ailleurs immoral d'espérer que des
enfants vont apprendre beaucoup de choses sans effort et l'effort coûte toujours quelque chose.

Effets psychologiques du travail intellectuel

« Chacun sait qu'à la suite d'un travail intellectuel prolongé il se produit une diminution de l'activité mentale ; on ne peut plus aussi bien fixer son
attention, on devient facilement distrait, on ne peut
plus aussi facilement retenir de mémoire ce que l'on
lit ou ce que l'on écoute, on commet des fautes en
écrivant ou en faisant des calculs, enfin les associations deviennent difficiles, on ne sait plus bien écrire une composition ou résoudre un problème. Tels
sont les effets psychologiques que chacun a pu observer sur lui-même. C'est de ces remarques générales
que l'on se contente dans les traités de pédagogie ;...
on ne soupçonne même pas la possibilité des méthodes expérimentales et pratiques permettant de déterminer le degré de fatigue intellectuelle (op. cit.
225) ». C'est par ces lignes que Binet ouvre cette
deuxième partie, à peu près comme il avait ouvert
la première, à peu près comme on est contraint d'ouvrir toute question psycho-pédagogique.

Avant d'indiquer quelles sont ces méthodes expérimentales qu'il serait désirable de substituer au
« verbiage » actuel, Binet fait tout d'abord une dis-

tinction pleine de sens entre les expériences de laboratoire qui ont pour but de préciser les questions . et de montrer ce qu'on peut attendre des différentes techniques et les expériences d'école qui doivent résoudre d'une manière pratique les problèmes de la pédagogie. D'où alors la nécessité d'étudier séparément ces deux groupes d'expériences.

Nous ne pouvons que regretter ici que Binet n'ait pas étudié lui-même la question, directement et complètement. Il se contente, et c'est peut-être la seule fois dans toute son œuvre, de présenter et de critiquer les travaux faits par d'autres, notamment ceux de Kraepelin et de ses élèves. Aussi, il règne sur cette seconde parti, fort intéressante dans l'exposé critique, une espèce d'incertitude qui nuit aux affirmations positives. Il y a cependant encore d'excellentes remarques que nous ne pouvons passer sous silence. C'est ainsi que l'examen des statistiques qu'il a entre les mains le conduit à combattre cette opinion, encore trop souvent reçue aujourd'hui, à savoir que les exercices physiques : gymnastique, travail manuel, etc. reposent les enfants ; « En général, on considère la gymnastique comme un repos pour l'esprit, l'expérience... prouve nettement le contraire ; avant la classe de gymnastique, le nombre de fautes était de 62 et il est monté à 152 après une heure de gymnastique ; c'est une augmentation plus considérable que celle produite par une heure de classe ordinaire » (p. 296). Pour la combinaison des horaires scolaires, il serait de première importance qu'on puisse vérifier et confirmer ces chiffres.

Si on voulait le faire, non seulement pour ce point de détail, mais pour toute la question de la fatigue scolaire, il suffirait d'appliquer à un assez grand nombre de sujets les trois méthodes suivantes, dont Binet indique la valeur comparée :

1°) méthode des dictées, la plus simple parce que les élèves y sont habitués et qu'elle rentre ainsi dans le cadre scolaire. D'autre part, la plus facile à manier car aucune équivoque et aucun arbitraire ne peuvent être apportés dans l'évaluation des fautes. La plus féconde enfin, car elle peut se compléter par une analyse psychologique des erreurs commises.

2°) Méthode des calculs : moins bonne parce que les erreurs sont moins faciles à évaluer et parce que l'entraînement peut apporter de grosses pertubations.

3°) Méthode de détermination du sens du lieu de la peau. Employée seule, elle est insuffisante, mais elle peut être un utile complément de la première.

Il ne faut enfin pas perdre de vue que les différences individuelles sont sensibles — nous ne sommes pas surpris de rencontrer cette remarque sous la plume de Binet — et que par conséquent, il ne faut pas se borner à une étude d'ensemble qui n'aurait aucune signification pour chaque enfant : « Il faut distinguer les différents individus suivant la manière dont ils se fatiguent et s'exercent ; les uns... acquièrent peu par l'exercice pendant le travail et se fatiguent beaucoup, les autres, au contraire font des progrès considérables et se fatiguent plus lentement » (p. 251).

Il reste à conclure ; la première conclusion est un aveu sincère : « Les recherches sur les effets du travail intellectuel ne sont pas encore assez avancées pour qu'on puisse en tirer une conclusion pratique qui soit directement applicable aux écoles » (p. 330). La seconde conclusion est une distinction à l'importance de laquelle on n'a pas suffisamment attaché d'importance : fatigue et surmenage. Tout effort, de quelque nature qu'il soit, produit de la fatigue ; mais si le repos normal ramène l'organisme à son état de fraicheur, cette fatigue n'est nullement à fuir. Il y a surmenage seulement quand le repos ne suffit plus à réparer les pertes de l'organisme. Il y a donc une double question à résoudre : déterminer le temps normal de repos qui doit suffire à l'esprit et voir ensuite si les programmes et les méthodes universitaires produisent ou non le surmenage.

On peut critiquer l'ouvrage de Binet et montrer ses lacunes : aussi bien les avait-il vues lui mêmes ; la tâche est donc facile. Mais il n'en faut pas moins reconnaître qu'il a tracé un programme que personne n'a jamais osé remplir et dont la réalisation donnerait pourtant la solution pratique de la question.

Nous pouvons même aller plus loin et affirmer, sans crainte d'être démenti, que ce programme pourrait être appliqué *mutatis mutandis* à toute étude de psycho-pédagogie. Son application supprimerait ces discussions stériles et inépuisables auxquelles donnent naissance tous les problèmes pédagogiques.

C'est pourquoi on chercherait vainement chez Binet les leçons de pédagogie que débitent gravement les faiseurs de manuels. Comme il souhaite vivement le voir faire aux maîtres de la jeunesse il suggère plutôt qu'il n'enseigne. D'ailleurs il a si bien senti que la tâche ne faisait que commencer qu'il a créé la Société libre pour l'étude psychologique de l'Enfant, devenue Société A. Binet que préside actuellement avec tant de distinction M. le Dr. Simon. Il y a convié tous les maîtres de l'enseignement, pensant à juste titre que chaque classe devait devenir un laboratoire d'où pouvaient sortir de précieux résultats. Il a invité tous les membres de l'enseignement: instituteurs, professeurs et directeurs à unir leurs efforts pour édifier la pédagogie nouvelle. Mais dans toute science qui s'éveille il faut traverser la période ingrate des recherches préliminaires. C'est pourquoi, malgré tout l'intérêt des travaux qui y sont exposés, malgré l'appui officiel d'ailleurs plus décoratif que pratique des chefs de l'Université , la Société A. Binet n'a qu'un nombre trop limité d'adhérents. Nous croyons être fidèles à la pensée du maître que nous essayons de faire revivre dans ces pages comme aussi au désir de progrès qui anime tout universitaire, en souhaitant voir rebondir l'activité d'une Société destinée à faire sortir de l'ornière la pédagogie — ou plutôt, l'absence de pédagogie — actuelle. Il est difficile d'accepter qu'on se persuade de la nécessité d'une action et qu'on ne la fasse pas, qu'on ait des idées ingénieuses et qu'on ne les mette pas en pratique, enfin qu'on soit novateur en théorie et routinier en pratique.

N'aurait-il rendu à la pédagogie que le service de la placer sur son véritable terrain en la munissant de ses instruments de perfectionnement — et nous avons vu qu'il avait fait autre chose — que Binet aurait mérité le nom que nous réclamons pour lui : le maître de la pédagogie moderne.

CONCLUSION

Au moment de conclure cette trop brève esquisse de l'œuvre d'A. Binet, nous sommes pris à
la fois d'un remords et d'un scrupule. Nous avons
le sentiment qu'il aurait fallu un cadre beaucoup
plus vaste pour rendre à cette œuvre la justice qu'elle
mérite et aussi une autorité plus grande que la nôtre
pour mettre en valeur les traits saillants des travaux
du grand psychologue. Et alors nous craignons
d'avoir manqué notre but qui était de faire ressortir
tout l'intérêt que présentent, pour la psychologie,
les recherches de Binet. Notre scrupule est d'autant
plus vif qu'il ne s'agit pas ici d'une réhabilitation
littéraire dont il n'a d'ailleurs nul besoin : le caractère modeste de Binet s'accommoderait assez bien
de l'obscurité ; d'autre part, nous avons assez mesuré la valeur des réputations faites par la mode pour
laisser volontiers « la fumée aux sots qui s'en nour-
rissent ». Mais, et nous voudrions que l'imperfection
de notre travail n'empêchât pas nos lecteurs de par-
tager notre conviction, nous sommes persuadés que
l'étude des livres de Binet est susceptible de faire
réaliser à la psychologie et à la pédagogie des progrès dont elles ont grand besoin et nous croyons

remplir un véritable devoir scientifique en leur ren-
dant ici un hommage public.

Enfin, nous avons éprouvé un véritable plaisir
à pénétrer dans l'œuvre de Binet. La satisfaction que
nous a procurée cette étude nous a largement payé
de la peine que nous avons dû prendre. Si notre modeste travail suggérait à ceux qui s'intéressent à la
psychologie et à la pédagogie de nous imiter, nous
croyons qu'eux aussi y trouveraient à la fois plaisir
et profit. Nous aurions alors mieux réussi que nous
n'en exprimions la crainte tout à l'heure.

Robert MARTIN.

Vu, le 17 Juin 1924 :
*Le Doyen de la Faculté des Lettres
de l'Université de Paris,*
Ferdinand BRUNOT.

Vu et permis d'imprimer :
Le Recteur de l'Académie de Paris,
P. APPELL.

BIBLIOGRAPHIE

L'Année psychologique. Ed. Masson.

La Psychologie du Raisonnement. Paris, Alcan.

Le Magnétisme animal, Paris, Alcan.

Les Altérations de la Personnalité. Paris, Alcan.

Etude de Psychologie expérimentale. Paris Doin.

Introduction à la Psychologie expérimentale. Paris, Alcan.

Psychologie des grands calculateurs et joueurs d'échecs. Paris, Hachette.

Bulletins du Laboratoire de Psychologie physiologique (1892-93).

La Fatigue intellectuelle. Paris, Schleicher.

La Suggestibilité. Paris, Costes.

L'Etude expérimentale de l'Intelligence. Paris, Costes.

Les Enfants anormaux. Paris, Collin.

L'Ame et le Corps. Paris, Flammarion.

Les Idées modernes sur les Enfants. Paris, Flammarion.

La Revue philosophique (1884-1885).

Bulletins de la Société de Biologie (1884).

Archives de Physiologie (1884).

La Mesure du développement de l'Intelligence chez les jeunes enfants. (Société A. Binet, 36, rue Grange-aux-Belles).

Bulletins de la Société A. Binet.

TABLE DES MATIERES